꼬리에 꼬리를 무는 민주항쟁사

4·3, 4·19, 5·18, 6·10
한 권으로 끝내는 4대 민주항쟁!

꼬리에 꼬리를 무는
민주항쟁사

우일문
지음

주니어태학

일러두기

● 책명·언론사 이름은《 》, 영화·기사·노래 제목·법률명 등은〈 〉으로 표기했습니다.

대한민국은 민주공화국이다

우리나라 이름은 '대한민국'이다. 두 번째 글자 '한'과 네 번째 글자 '국'을 따 '한국'이라고 줄여 부르기도 한다. 대한민국이라는 나라 이름은 언제, 어떻게 지어졌을까?

3·1 운동이 일어난 지 얼마 안 된 1919년 4월 10일 밤 10시, 중국 상하이에 20대부터 50대까지 다양한 연령대의 임시의정원 위원 29명이 모였다. 이들은 일제에 맞서서 당당한 독립국을 세우기로 했다.

임시의정원 위원 중 이회영이 52세로 가장 나이가 많았다. 그는 일제가 을사늑약을 강제로 체결하는 등 국권 침탈이 가시화되던 1905년에 전 재산을 처분하고 온 가족과 함께 중국으로 가 독립운동을 한 인물이다. 당시 39세였던 민족주의 역사학자 신채호도 임시의정원 위원이었다. 그는 미국 윌슨 대통령에게 우리나라를 위임통치해 달라고 청원한 이승만에게 "이완용은 있는 나라를 팔아먹었지만 이승만은 없는 나라를 팔아먹으려고 한다"라고 소리쳤다. 여운형도 32세의 나이로 임시의정원 위원이었다. 그는 해방 후 건국준비위원회 결성 등 좌우합작으로 통일 정부를 구성하려 했다. 이외에도 천재 소설가로 필명을 날리다 친일파로 변절해 청년들에게 학도병이 되라며 강연하고 다녔던 27세 이광수도 있었다. 독립운동가이며 1960년에 사회당을 창당했지만, 박정희의 군사 쿠데타 이후 구속돼 옥사한 최근우는 겨우 22세로 최연소 위원이었다.

"나라 이름을 정해야 하지 않겠소?"
"대한민국이라고 합시다. 대한제국을 계승하는 의미도 있으니까요."
"대한제국으로 망해놓고 또 무슨 대한입니까? 조선공화국이나 고려공화국은 어떻습니까?"
"조선은 대한국 이전 국호이기는 하지만 중국의 제후국이라는 의미가 강하지 않습니까? 그래서 일제가 우리나라는 독립국 아니라는 뜻으로 조선이라고 부르기도 하고요."

위원들은 밤을 새워 토론했고, 다음 날 오전 10시에 표결을 거쳐 '대한민국'을 우리나라의 이름으로 정하게 되었다. 1910년에 일제에 나라를 빼앗긴 지 19년 만이다. 나라를 빼앗길 때 우리나라 이름은 '대한국'이었다. 고종이 대한국을 선포할 때 황제의 나라, 즉 '제국'임을 표방했기 때문에 '대한제국'이라고도 한다. 1897년 10월 12일부터 1910년 8월 29일 일제에 나라를 빼앗길 때까지 겨우 3년 동안 대한제국이었고, 그전에는 조선, 그전에는 고려, 그전에는 발해, 신라, 후백제의 후삼국시대, 그전에는 발해, 신라의 남북국시대, 그전에는 고구려, 백제, 신라의 삼국시대 등으로 거슬러 올라간다.

1919년 4월 11일 중국 상하이에 '대한민국 임시정부'가 수립되었다. 비록 임시지만 이때 '대한민국'이라는 독립국이 세워졌음을 만방에 선포했다. 같은 해 3월 1일, 3·1 운동 때 이미 우리나라가 독립국임을 선언했고, 나라를 빼앗긴 '대한국' 백성은 '대한 독립 만세'를 외쳤다. 그 정신을 대한민국 임시정부에서 이어간 것이다.

대한민국 임시정부는 지금 〈헌법〉과 같은 〈대한민국 임시헌장〉을 만들었다. 〈대한민국 임시헌장〉 제1조에는 '대한민국은 민주공화제로 한다'라고 밝혔다. 민주공화제는 무엇일까? '민주'는 국민이 주인이라는 뜻이다. '공화제'는 주권이 국민에게 있다는 말이다. 공화제는 공화국과 같은 말이다. 설명이 복잡하지만 '나라의 주인은 국민'이라는 뜻이라고 생각하면 된다.

1945년 8월 15일 일제가 연합국에 항복하면서 광복을 맞이했지만, 대한민국 임시정부 역할이 끝났을까? 끝나지 않았다.

1948년 7월 17일에 제정한 대한민국 〈헌법〉, 다른 말로 〈제헌 헌법〉은 맨 앞에 "유구한 역사와 전통에 빛나는 우리들 대한국민은 기미 3·1 운동으로 대한민국을 건립해서 세계에 선포한 위대한 독립 정신을 계승해서 이제 민주 독립 국가를 재건한다"라고 밝혀 대한민국 임시정부를 분명히 계승한다고 했다. 그러니까 대한민국 임시정부의 역할과 정신은 1948년 8월 15일 '임시' 딱지를 뗀 정식 '대한민국 정부' 수립으로 이어진 것이다.

〈제헌 헌법〉 제1조는 "대한민국은 민주공화국이다", 제2조는 "대한민국의 주권은 국민에게 있고 모든 권력은 국민에게 나온다"이다. 그 뒤 몇 차례 개헌을 통해 확정된 현행 대한민국 〈헌법〉 제1조 1항과 2항은 〈제헌 헌법〉 제1조, 제2조와 똑같다.

대한민국은 민주공화국이며 대한민국의 주권은 국민에게 있고 모든 권력은 국민에게 나온다. 국민이 이 나라의 주인이라는 것, 국민에게서 권력이 나온다는 것을 알아야 이 책을 더 잘 이해할 수 있다.

이 책은 대한민국 〈헌법〉에서 보장하는 민주주의를 권력이 침해한 사건에 국민이 어떻게 항쟁했는지를 살펴본다. 제주 4·3 사건부터 6·10 민주항쟁까지, 꼬리에 꼬리를 물고 이어지는 항쟁들이 결코 개별적인 움직임이 아니었음을 보여 주려고 한다. 민주주의를 되찾기 위해 노력한 국민의 노력을 따라가다 보면 부당한 공권력과 국가폭력에 어떻게 대응해야 하는지 알게 되고 민주시민으로서 올바른 역사관을 기를 수 있다. 지금 사회에서 발생하는 다양한 사건들도 이해할 수 있을 것이다.

2025년 봄
우일문

차례

4·19 혁명

5·18 민주화 운동

6·10 민주항쟁

제주 4·3 사건

제주도는 어떤 섬이었을까
→ 길고 긴 수난의 역사

제주도의 옛 이름은 '탐라'이며, 탐라국은 약 12세기까지 고구려, 백제, 신라와 교역하던 독립적인 해양 국가였다. 탐라국은 신라의 삼국 통일 이후 당나라, 일본과도 외교를 했다. 그러나 탐라국은 작은 나라였기에 교류하는 나라들이 힘으로 을러대면 한껏 주눅 들었을 것이다.

탐라국은 918년에 왕건이 세운 고려에 조공을 바치면서 고려와 좋은 관계를 맺었다. 고려가 세워진 지 얼마 되지 않았을 때는 혼잡한 나라를 안정시키느라 탐라국에 간섭할 틈이 없었다. 그러나 고려 15번째 왕 숙종은 1105년에 탐라국을 고려 영토라고 선언했다. 그로부터 100여 년 뒤 23번째 왕 고종은 탐라를 '제주'로 고쳐 부르게 했고 탐라국은 이름마저 없어졌다.

고종 때인 1231년, 고려는 몽골과 전쟁을 하게 된다. 그 전쟁을 '여

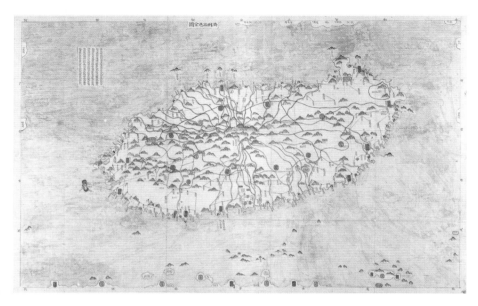

제주삼읍지도濟州三邑地圖
1800년대에 제작된 제주도의 옛 지도다. 과거에는 육지에서 섬을 바라보는 방향으로 지도를 그렸기 때문에 남북이 반대로 그려져 있다.

몽 전쟁'이라 한다. 여몽 전쟁에서 고려는 몽골에게 처참하게 패했다. 몽골은 원나라를 세우며 승승장구했고, 이후 70여 년간 고려 정부는 몽골의 꼭두각시가 되었다. 고려의 군사 조직인 '삼별초'*는 고려를

 삼별초
고려 무신 정권 시절에 탄생한 무신 정권 친위대다. 삼별초에는 좌별초, 우별초, 신의군이 있다.

다시 세우겠다며 몽골과 고려 정부를 상대로 싸웠다. 이를 '삼별초의 난'이라고 한다. 삼별초는 고려와 몽골 연합군에게 쫓겨 진도를 거쳐 제주도에서 최후 항전을 벌였으나 패했다.

거친 사막에 살던 몽골인은 제주의 드넓은 초지와 온화한 기후에 반했다. 그래서 제주를 식민지로 삼아 탐라총관부를 설치하고 '대완마'라는 몽골말 160필을 들여와 목마장을 세웠다. '목호'라고 부르는 말 기르는 전문가들도 같이 왔다. 이때부터 제주에 말 목장이 등장했다. 물론 제주에는 몽골말이 들어오기 전에도 토종말이 있었다. 제주 토종말은 몸집이 작아 '과하마' 또는 '토마'라고 불린다. 제주 토종말은 몽골 식민기를 지나면서 몽골말과 혈연관계가 되었을 것이다. 현재 대한민국 정부에서는 멸종위기에 처한 제주마의 혈통 보존을 위해 천연기념물로 지정해서 보호하고 있다.

몽골 탐라총관부는 20여 년 뒤 제주를 고려에 반환하고 해체되었다. 하지만 목호들은 제주 여자와 결혼해서 대를 잇고 100년 이상 세력을 유지했다. 1368년이 되면서 원나라는 사라지게 되었다. '홍건적'* 두목이던 주원장이 원나라를 몰아내고 명나라를 건국한 것이다. 몽골인들은 고향 몽골고원으로 돌아가면서 나라 이름을 '북원'으

홍건적

원나라 말에 생긴 한족 반란군이다. 머리에 붉은 두건을 둘렀다고 해서 홍건적이란 이름이 붙었다.

김정희 필 세한도歲寒圖

김정희는 조선 후기의 대표적인 학자이자 문인이다. 그는 정치적 사건에 연루되어 유배지로 가장 유명했던 제주도에 9년간 유배되었다. 유배 중이던 그는 고립감과 배신감을 느꼈지만, 그의 제자인 이상적이 김정희를 챙겼다고 한다. 이에 감동한 김정희는 감사의 뜻을 담아 세한도를 그렸다.

겨울을 배경으로 하는 세한도에는 소나무와 잣나무가 그려져 있다. 한겨울의 나무들은 자신의 고독한 처지를 드러내며 동시에 제자의 우직한 의리를 상징적으로 표현한다. '세한歲寒'은 추운 겨울을 의미하는데, 《논어論語》에 등장하는 '세한연후지송백지후조야歲寒然後知松栢之後彫也'에서 유래한 표현이다. 이는 '겨울이 되어야 소나무와 잣나무의 푸름을 알 수 있다'라는 뜻으로, 어려운 상황이 되어야 진정한 사람의 가치를 알 수 있다는 의미다.

로 바꿨다. 명나라는 고려 정부에 도망친 북원을 소탕하겠다면서 제주말 2000필을 요구했다. 몽골의 후손인 목호들은 조국의 원수인 명나라에 말을 빼앗기고 싶지 않았다. 그들은 '목호의 난'을 일으켜 고려와 명나라에 대항했으나 최영 장군에게 패했다.

고려 때 1만여 명에 불과하던 제주 인구는 조선에 이르자 6만 명으로 늘어났다. 그러나 흉년, 왜구의 노략질에 관리의 수탈까지 심해 제주도 사람들은 기회만 되면 뭍으로 나갔다. 인구가 급격하게 줄어들자 섬을 떠날 수 없도록 '출륙 금지령'이 조선 오백 년 내내 시행됐다. 또 육지와 멀리 떨어진 섬이라는 이유로 제주도는 유배지가 되었다. 그리하여 조선 시대에는 열다섯 번째 왕 광해군 등 약 200명이 제주에서 귀양살이했다.

육지에서 나지 않는 제주 감귤은 백제와 신라에 진상했고 고려에 이어 조선에서도 진상될 만큼 가장 귀한 진상품이었다. 육지에서 온 관리들은 감귤 관리를 철저하게 해 수확이 목표에 미치지 못하면 농사지은 사람에게 감귤 값을 물게 했다.

전복이나 해삼, 미역 등도 정부와 관리들의 수탈 대상이었다. 예로부터 제주에서는 해산물 채취하는 남성을 '포작', 여성을 '잠녀'라고 했다. 포작은 깊은 바다에서 전복 등을, 잠녀는 가까운 바다에서 미역, 청각 등을 채취했다. 조선 정부의 수탈이 너무 심해지자 포작은 도망치거나, 더 많은 해산물을 채취하기 위해 위험을 무릅쓰다가 사망하기 일쑤였다. 남성들은 점차 위험한 포작에 지원하지 않아 이 직업은 18세기 들어 사라졌다. 해산물 채취 임무는 잠녀가 떠맡게 되었고 제주 여성의 삶은 더 고달파졌다.

 일제강점기 제주도로 온 일제의 수탈도 조선과 다르지 않았다. 1932년 1월 7일 일제의 횡포를 참다못한 세화리 해녀 300여 명이 시작한 시위는 이후 1만 7000여 명이 합세해 제주도 최대 항일 운동으로 기록됐다. 이를 '제주 해녀 항일 운동'이라고 한다. 1945년이 되어 일제에서 해방되었지만, 제주도의 수난은 끝나지 않았다.

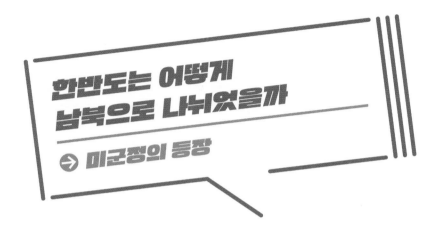

한반도는 어떻게
남북으로 나뉘었을까
→ 미군정의 등장

제2차 세계대전은 1945년이 되자 막바지에 들어섰고, 일본의 패배를
점치는 사람이 많았다. 일본은 마지막으로 결사 항전할 장소로 자국
땅이 아닌 제주도를 선택했다. 자기 나라 국민 피 흘리게 하고 싶지
않았을 것이다.

일본군은 제주도 전 지역을 요새로 만들었다. 제주도 사람들은 비
행장을 건설하고 굴을 파는 등의 강제노동에 동원됐다. 젊은 사람들
은 일본의 탄광이나 공장으로 끌려갔으므로 나이 든 사람이 대부분
이었다.

일본군은 전쟁에 필요한 물자도 빼앗아 갔다. 소와 말을 비롯해
보리, 벼, 고구마, 미역 등의 식자재나 숯, 장작, 백동, 청동, 유기그릇
등의 물건도 수탈했다. 이때 한국인 관리들은 일본인 관리보다 더 못
살게 굴며 집안을 뒤지고 물건을 빼앗았다. 그래서 제주도 사람들은

친일파에게 치를 떨었다. 게다가 일본군은 제주도 사람 모두를 전쟁 방패막이로 삼을 생각이었다. 제주도에서 전투가 벌어지면 살아남을 사람은 없었다.

일본이 제주도를 요새화하던 중 미국은 8월 6일, 9일에 히로시마와 나가사키에 원자폭탄을 떨어트렸다. 소련은 미국의 참전 요청으로 참전 시기를 저울질하다가 8일에 일본에 선전포고했다. 이후 일본 괴뢰 정부 만주국을 공격해 무너뜨렸고, 소련군은 파죽지세로 만주를 통과해 13일에 한반도 북쪽인 청진까지 진군했다. 원자폭탄과 소련의 참전으로 일본은 전의를 상실했다.

1945년 8월 15일, 일본은 연합국에 항복했다. 항복과 동시에 한반도는 해방됐다. 국민은 목이 터져라 '대한민국 만세'를 외쳤다. 한반도에 살던 일본인들은 문을 닫아걸고 밖에 나오지 않았다. 관공서 문도 굳게 닫혔고, 위세 부리던 친일파 관리들은 어디론가 사라졌다. 그러나 해방의 감격은 8월 15일과 16일뿐이었다.

"어, 뭐야? 일본 놈들 다 제 나라로 돌아가야 하는 거 아냐?"

겨우 이틀 숨어 지내던 일본 관리들은 총독부며 경찰서 등에서 정상 근무했다. 아직 한국 정부가 구성되지 않았고, 일본 정부도 우왕좌왕할 뿐 조선총독부에 어떻게 행동하라는 지침을 내리지 않았기 때문이다. 어정쩡한 상태에서 조선총독부는 조선에 거주 중인 일본

원자폭탄

해리 트루먼 미국 대통령은 히로시마에 '리틀 보이Little boy', 나가사키에 '팻 맨Fat man'을
투하했다. 히로시마는 당시 일본의 통신 센터이자 병참 기지로 군사상 중요한 근거지였다.

인을 보호한다는 명목으로 탱크와 기마경찰을 배치하는 등 치안 강화에 힘썼다.

연합국은 당장 한국인에게 정부를 맡길 생각이 없었다. 미국과 소련은 한반도의 주인인 한국 사람의 의견을 묻지 않고 38선을 그어 한반도를 남한과 북한으로 분리했다. 그리고 북쪽은 소련, 남쪽은 미국이 점령하기로 약속했다. 애초 미국과 소련의 한반도 주둔은 일본군의 항복과 무장 해제를 위한 임시 조치였다. 그러나 이후 미국과 소련의 냉전, 한국 전쟁 등으로 우리나라 국민은 지금까지 분단의 고통을 겪고 있다.

한국의 정치 지도자 여운형은 8월 16일 '건국준비위원회'를 만들어 한국인의 힘으로 나라 세울 준비를 했다. 건국준비위원회는 전국으로 퍼져나가 8월 말에는 전국에 145개 지부가 결성되었다. 9월 6일, 건국준비위원회는 남한의 공산주의 지도자 박헌영의 주도로 '조선인민공화국'으로 확대 개편되었다. 조선인민공화국은 김일성이 소련의 도움을 받아 북한에 세운 '조선민주주의인민공화국'과는 다르다.

제주도에도 조선인민공화국의 지부 격인 인민위원회가 결성되었다. 사람들은 '인민위원회'라는 명칭 때문에 북한 김일성의 지시로 공산혁명을 일으키기 위해 결성된 조직이라고 오해해 왔다. 그러나 제주도 인민위원회는 제주도 사람들이 해방 이후 새 나라를 세우기 위해 자발적으로 결성한 지방 조직일 뿐이다. 제주도 인민위원회는 항일 운동 경험이 많은 사람과 지역에서 존경받는 원로가 중심이 됐다.

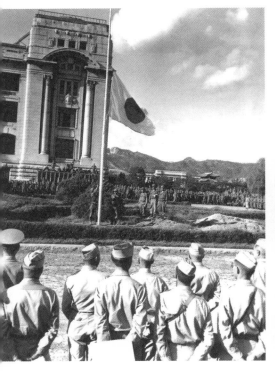

조선총독부 건물에 성조기가 올라가면서부터 미군정이 선포되었다. 미군정청은 재조선 일본인들의 재산을 몰수하고, 그들을 일본 본토로 송환했다. 오른쪽 사진을 보면 미군들이 성조기가 게양되는 순간 경례하는 것을 볼 수 있다.

    소련은 해방 전부터 북한 청진에 들어왔고, 해방 열흘 뒤인 8월 25일에는 북한 전역을 점령해 일본군을 무장 해제하고 행정 조직을 접수했다. 미국은 9월 6일 인천항에 상륙했고 9월 8일에 서울로 들어왔다. 9월 19일에야 '재조선미국육군사령부 군정청' 설치를 발표하고 조선총독부 건물에서 군정 업무를 시작했다. 군정 업무 첫 단계는 일제로부터 행정 조직을 인수하고 일본군과 관리 등 일본인을 고향으로 돌려보내는 일이었다.

제주도에는 11월 9일 미군이 상륙하면서 군정이 시작됐다. 일본에게서 해방되고 거의 석 달 만이다. 행정 공백 기간에 제주도 각 읍면 인민위원회는 치안 유지, 행정 보조 등 정부를 대신해 눈부신 활동을 펼쳤다.

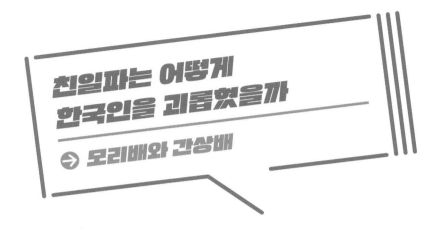

모리배는 '옳지 못한 방법으로 이익이나 이로움만을 꾀하는 사람이
나 그 무리'를 가리키는 말이다. 간상배는 '간사한 방법으로 부당한
이익을 얻는 장사치'를 뜻한다. 두 단어를 합쳐 '모리간상배'라고도
한다. 해방 무렵 제주도에는 모리간상배가 설쳤고 일부 공무원과 경
찰도 그 무리에 있었다.

1900년대 들어 일본은 오사카를 중심으로 중공업을 육성했는데
노동력이 부족해서 식민지 청년을 끌어들이려 했다. 마침 일본에서
가장 가까운 제주도의 청년들 대다수가 직업이 없다는 것을 알았기
때문이다. 일본인들은 재빨리 제주-오사카 간 항로를 개설하고 정
기 여객선을 띄웠다. 제주도 곳곳에는 오사카 공장 공원 모집 광고
가 붙었다. 가난한 제주도 청년들은 오사카 공장에 취직하기 위해 여
객선을 탔다. 이후 1918년부터 1945년까지 제주도에서 일본 오사카

군대환

제주도와 오사카 항로를 오간 여객선인 군대환은 일본어로 '기미가요마루君が代丸'라고 불렸다. 당시 군대환은 제주도에서 가장 큰 배였고 운임이 비쌌다. 군대환은 제1군대환, 제2군대환 두 척이 있다. 사진은 제2군대환인데, 소련으로부터 구입한 군함을 개조한 것이다. 제주도 주민들이 주로 탄 정기 여객선은 제2군대환이다. 배가 너무 큰 탓에 제주도 주민들은 1980년대까지 큰 물건을 전부 군대환이라고 불렀다.

를 잇는 정기 여객선이 다녔다. 이를 '군대환'이라고 한다. 쌀 한 가마가 5원이던 시절 오사카까지 이틀거리 뱃삯은 2원 50전이었는데, 청년 대부분은 빚을 내 뱃삯을 내고 오사카에 갔다.

청년들은 일본인보다 훨씬 낮은 임금을 받았지만 절약해서 고향에 있는 가족에게 돈을 보내거나 생필품을 사 보냈다. 여객선을 타고 제주도와 오사카를 오가며 장사하는 사람도 생겼다. 해방 이전에 제주도에서 사용하는 공산품 40퍼센트가 일본 제품이었다.

연도	탄광	금속 광산	토건업	제 산업 (공장 포함)	전체
1939	24,279	5,042	3,379	–	38,700
1940	35,431	8,069	9,898	1,546	54,944
1941	32,099	8,988	9,540	2,865	53,492
1942	74,576	9,483	14,848	13,100	112,007
1943	65,208	13,660	28,280	15,089	122,237
1944	85,953	30,507	33,382	130,462	280,304
1945	1,000	–	2,000	3,000	6,000
전체	318,546	75,749	107,327	116,062	667,684

조선인 강제 연행 노동자 수   (단위: 명)

일제강점기에 강제로 연행되어 위험한 작업을 수행한 재일한인 노동자 수를 나타낸 표다. 재일제주인의 경우는 정확한 수치를 파악하지 못하지만, 많은 제주도 사람이 연행된 것으로 파악된다.

전쟁이 끝나고 해방을 맞았을 때 200만 명에 가까운 한국인이 일본에 있었다. 이들은 강제로 끌려가 혹독한 노동을 했거나, 일본 공장에 취직했거나, 유학을 떠난 사람들이었다. 그중 제주도 출신은 6만 명 정도였고 오사카에 가장 많이 살았다. 이들은 모두 해방된 고향으로 돌아가고 싶어 했다. 그런데 청천벽력 같은 일이 벌어졌다. 그동안 일본에서 모은 재산을 고향으로 가져갈 수 없다는 것이었다. 개인적인 소지품 외에 돈은 담배 스무 갑을 살 수 있는 1000엔만 가져갈 수 있었다.

이것은 전쟁에서 패배하고 연합국에 항복한 일본 정부의 명령이 아니다. 바로 일본을 점령해 다스리는 미군정의 명령이다. 재산을 못 가져가는 것은 한국에 살던 일본인도 마찬가지였다. 재산의 갑작스러운 이동은 한국과 일본 두 나라 경제에 어려움을 줄 것이라는 게 미군정 당국 설명이었다.

한국에 살던 일본인은 한국에서 일군 재산을 몰래 가져가기 위해 집이나 땅 등 부동산을 헐값에 팔아 금 등으로 바꾸었다. 또 감시가 심한 여객선을 피해 몇 배나 비싼 운임을 주고서라도 밀항선을 찾았다. 밀항선을 구하지 못해 재산을 가져가지 못하더라도 일본인은 모두 제 나라로 돌아갔다. 한국인의 보복이 두려웠기 때문이다. 일본에 살던 한국인은 재산을 지키기 위해 50만 명 이상이 돌아가지 못했다. 한국에 돌아가지 못한 사람들의 자손이 지금 재일동포 대부분이다. 일본에서 돌아온 사람들은 가족이나 친척에게 재산을 모두 두고 왔다고 하소연했다.

"재산을 다 두고 왔다고? 나와 함께 찾아오세."

용감한 선장 한 사람이 일본에서 온 친척과 함께 어선을 타고 몰래 오사카에 들어가 귀중품 등 재산을 실어 오는 데 성공했다. 이 소문을 들은 다른 어선들도 몰래 오사카에 갔다. 재산 때문에 고향에 돌아오기 꺼리던 사람들도 제주도에서 온 어선을 찾았다.

이 무렵 제주도에는 생필품이 몹시 부족했다. 제주도의 선장들은 생필품 밀수에도 적극적으로 나섰다. 그러자 미군정이 공무원과 경찰을 동원해 이들의 재산과 밀수품을 압수했다. 이때 경찰과 공무원은 대부분 일제강점기에 일본 앞잡이 노릇을 하던 그 경찰과 공무원들이다. 미군정이 그들을 다시 공무원과 경찰로 채용했기 때문이다.

일부 경찰, 공무원과 짠 사기꾼들은 단속을 강화하도록 해 압수한 귀중품이나 밀수품을 빼내 경찰, 공무원 등과 나눠 가졌다. 모리간상배의 등장이다. 제주도 어느 항구에서나 같은 일이 벌어졌다. 일본이 물러갔는데도 많은 사람이 일제강점기에 한국인을 괴롭히던 그 경찰과 공무원들에게 물건과 돈을 빼앗기고 또 빼앗겼다.

이런 와중에 분통 터지는 일이 생겼다. 1947년 1월 서귀포 법환리 출신 재일동포들이 전기 가설을 위한 자재를 고향에 기증했다. 그런데 자재를 싣고 제주도에 입항한 배를 경찰이 밀수선으로 적발해 자재를 압수*했다. 이 사건에 제주 경찰 총책임자인 제주경찰감찰청장이 연루돼 파면됐고 미군정 장교 등도 의심을 받았다. 제주도 사람들은 해방된 조국에서 모리간상배에게 자기 재산 빼앗기는 걸 견딜 수 없었고, 경찰도 미군정도 믿을 수 없게 되었다.

복시환 사건

일제강점기부터 제주와 일본을 오간 복시환福市丸이 1947년 1월 11일 성산포 근해에서 목포 해안경비대에 나포되면서 시작되었다. 이 화물의 처분에 모리간상배들이 개입했고, 군정 관리까지 뇌물을 받은 것이 탄로나 사건이 전국에 퍼졌다. 이 사건은 제주 4·3 사건의 도화선으로 작용했다.

3·1 사건은 왜 일어난 것일까

→ 경찰의 무모한 총격

제주도 사람들은 일본보다 더 악독한 모리간상배와 그 뒷배인 일부 공무원과 경찰, 미군정에 치를 떨었다. 해방이 되었어도 여전히 먹고 살기 힘들었기 때문이다. 우리 민족끼리 잘살면 되는 줄 알았더니 미 군정의 간섭은 일본과 다르지도 않았다.

1947년은 1919년에 일어난 3·1 운동 28주년이 되는 해였다. 전국 적으로 3·1 운동 기념행사가 준비되었고 제주도도 예외가 아니었다. 그래서 2월 17일 '3·1 투쟁 기념행사 제주도위원회'(이하 3·1투쟁제주 도위원회)가 결성되었다.

3·1투쟁제주도위원회 위원은 읍내 관공서 대표 및 지역 유지로 구 성되었다. 위원 면면은 서울 등 육지와는 사뭇 달랐다. 위원장은 53 세 안세훈인데, 그는 남조선로동당(이하 남로당) 제주도위원회 위원 장이었다. 남로당은 1946년 11월 조선공산당, 남조선신민당, 조선인

민당이 합쳐 만든 공산당 조직이다. 위원 중 50세 김차봉은 제주경찰감찰청 부청장이었는데, 감찰청은 지금의 경찰청이다. 위원 35세 양을은 제주검찰청 검찰관대리(검사시보)였다.

어떻게 공산주의를 앞세운 남로당과 미군정 당국 공무원인 경찰과 검사가 함께 할 수 있을까? 육지와 다르게 제주도에서는 인민위원회나 남로당을 위험하게 생각하지 않았다. 미군정 당국과도 사이 좋은 편이었고 서로 문제를 일으킨 적도 없었다. 다 같이 제주도 발전을 위해 힘을 쏟자고 손을 맞잡았기 때문이다.

드디어 1947년 3월 1일 오전 11시, 제주읍 제주북국민학교에 3만여 명이 모여 '제28주년 3·1 투쟁 기념 제주도대회'를 열었다. 안세

훈 위원장은 "3·1 혁명 정신을 계승해서 외세를 물리치고 조국의 자주통일 민주국가를 세우자!"라고 외쳤다. 물론 여기서 외세는 미국이다. 기념행사는 오후 2시가 되어서 끝났다. 일부 집회 참가자는 미군정청 방향과 감찰청 방향으로 나누어 거리 행진에 나섰다. 경찰은 집회만 허가했고 거리 행진은 허가하지 않았다.

"해산하시오! 집으로 돌아가시오."
"우리는 집으로 돌아가는 길이오. 막지 마시오!"

틀린 말은 아니었다. 미군정청 방향으로 가는 사람들은 서쪽에 사

는 사람들이고, 감찰청 방향으로 가는 사람은 동쪽에 사는 사람들이었다. 사실 거리 행진에 참여한 사람보다 길가에 서서 구경하는 사람이 훨씬 많았다. 경찰이 보는 앞에서 길 한복판으로 행렬을 지어 걷는 것은 어느 정도 용기가 필요한 일이었다.

시위 행렬은 제주북국민학교에서 나와 200미터 남짓 거리 관덕정 광장을 벗어났다. 관덕정은 조선시대에 세워진 누각이고, 그 앞에는 넓은 광장이 있었다. 광장 주변에는 구경꾼 수백 명이 모여 있었는데, 각자 집으로 돌아가려고 웅성거렸다. 그때 기마경찰이 관덕정 옆 제1구 경찰서로 가기 위해 박차를 가하고 모퉁이를 도는 순간 어린아이가 달려 나오다가 말에 차여 쓰러졌다. 기마경찰은 어린아이가 자기가 탄 말에 차인 것을 몰랐는지 그대로 가던 길을 갔다.

"아이가 말에 차였다. 저놈 잡아라!"

화난 구경꾼들은 돌을 던지며 기마경찰에게 욕을 했다. 당황한 기마경찰은 그대로 경찰서 방향으로 달아났고, 그 순간 총성이 울렸다. 관덕정 광장에서 무장하고 경계 서던 응원경찰이 구경꾼들에게 총을 쏜 것이다. 순식간에 여섯 명이 죽고 여섯 명이 큰 부상을 입었다. 불행 중 다행으로 말에 차인 어린아이는 크게 다치지는 않았다.

응원경찰은 시위 주민들이 경찰서를 습격하는 줄 알았다고 말했다. 이는 비겁한 변명이다. 광장 한복판이나 경찰서 방향에서 쓰러

기마경찰

대한민국의 기마경찰은 군사 정권 이후부터 시위대를 진압하지 않게 되었다. 현재 대한민국에 남아 있는 기마경찰은 제주자치경찰단의 자치경찰기마대가 유일하다. 자치경찰기마대의 말들은 대부분 은퇴한 경주마다.

진 사람은 아무도 없었다. 희생자들은 경찰서와는 거리가 먼 식산은
행 앞이나 도립병원 쪽 골목에 쓰러져 있었다. 게다가 죽은 여섯 명
중 다섯 명은 등 뒤에 총탄을 맞았고 한 사람만 가슴에 총탄을 맞았
다. 이러한 정황을 보았을 때 경찰은 경찰서를 습격하기는커녕 경찰
이 무서워 도망가는 사람을 향해 총을 쏜 것이 분명했다. 이것이 '3·1
사건'이다.

응원경찰은 무엇일까. 제주도 경찰을 응원한다는 명목으로 육지에
서 온 경찰이다. 섬이어서 육지와 고립된 제주도 사람들은 사통팔달
어디나 다닐 수 있는 육지 사람과 달리 끈끈한 정을 나누었다. 사소
한 다툼은 있지만, 총칼을 써야 하는 군인이나 경찰은 친척이거나 이
웃인 주민을 냉정하게 대하기 어려웠다. 그것을 잘 아는 경찰 당국이
육지 출신 경찰을 보냈는데, 이들이 바로 응원경찰이다. 이때 제주도
경찰은 330명이었다. 이미 2월 23일에 충청도 등 전국에서 100여 명
의 응원경찰이 제주도에 들어와 있었다. 이들은 체포와 심문 등 가혹
행위를 담당했다.

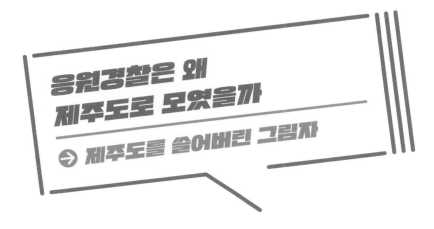

응원경찰은 왜
제주도로 모였을까
→ 제주도를 솥어버린 그림자

경찰은 3월 1일 오후 7시부터 다음 날 오전 6시까지 통금령을 내렸고, 전남 경찰에 응원경찰을 요청했다. 그날 저녁에 목포에서 경찰 100명이 제주도로 출발했다. 2일부터는 3·1절 기념행사를 준비한 위원회 간부와 학생들을 연행해 무차별 구타와 고문을 한다는 소문이 돌았다. 게다가 여섯 명이나 죽은 관덕정 총격이 '치안 유지를 위한 정당방위'라는 경찰 발표가 나오자 민심이 들끓었다.

제주도 사회 단체들은 경찰에 진상조사를 요구했고, 남로당 제주도위원회는 세력을 키울 좋은 기회로 여기고 '3·1 사건 대책 투쟁위원회'를 결성했다. 투쟁위원회는 경찰에 요구 조건도 내걸었다.

❶ 발포 책임자 및 발포 경관을 살인죄로 처형할 것

❷ 경찰 수뇌부 해임할 것

❸ 피살당한 동포 유가족 생활 보장하고, 치료비와 위로금을 충분하게 지급할 것

❹ 3·1 사건 관련해 체포된 자를 즉각 석방할 것

❺ 경찰에서 친일파, 민족 반역자를 쫓아낼 것

투쟁위원회는 경찰이 이 조건을 받아들이지 않으면 이승진의 건의에 따라 3월 10일부터 총파업에 돌입하기로 결의했다. 당시 스물네 살 청년 이승진은 누구일까? 그는 대구에서 태어나 일본 육군예비사관학교를 다녔다. 이때 이승진은 제주 대정중학원 사회과 교사이면서 남로당 대정면당 조직부장이었다. 이 이름은 뒤에도 나오니 기억해야 한다.

미군정 당국과 경찰은 투쟁위원회의 요구 조건을 들어주지 않았다. 투쟁위원회는 결의한 대로 3월 10일에 파업에 돌입했다. 이 파업에서 주목해야 할 점은 제주도청 공무원들이 가장 먼저 나섰다는 것이다. 도지사와 공무원 100여 명이 파업에 참석해 직원대회를 열어 요구 조건이 관철될 때까지 총파업을 결의했다. 요구 조건은 남로당의 조건과 거의 같았다. 이어 제주농업중학교 등 각종 학교, 은행, 운수업체, 세무서 등 관공서, 기업체 등 166개 기관 단체 4만여 명이 파업에 참여했다.

경찰도 파업에 동참했다. 특히 중문지서의 지서주임 포함 경찰 6명은 "악독한 명령을 복종할 수 없으므로 직장을 떠난다"라는 담화를

《독립신보》 1947년 3월 16일 자 지면에 '제주 총파업 확대'라는 제목의 기사가 실려 있다. 지면에는 "156개 단체 직원이 총파업에 참여했다"라고 적혀 있지만, 이후 현직 경찰관들과 민간인들을 포함한 더 많은 인원이 총파업에 참여했다고 밝혀졌다.

게시판에 붙이고 파업에 돌입했다. 이 밖에도 모슬포지서, 애월지서 등에 근무하던 제주 출신 경찰들도 파업에 동참해, 모두 66명의 경찰이 파업을 이유로 파면됐다.

총파업은 남로당이 배후에서 지원했지만, 남로당 혹은 좌익 파업이 아니었다. 공무원, 경찰 등이 적극적으로 파업에 참여한 것을 봐도 알 수 있지만, 제주도에서 직장 다니는 거의 모든 사람이 파업에 참여했다. 그만큼 3·1 사건에 대한 제주도 사람들의 분노는 이루 말할 수 없었다.

깜짝 놀란 미군정 당국은 서울에서 조사단을 내려보냈다. 미군 조사단은 "3·1 발포로 제주도민의 경찰에 대한 반감이 고조되었고, 이런 도민의 감정을 남로당이 대중 선동을 통해 부추겨 총파업이 일어났다"라고 미군정에게 보고했다.

미군 조사단이 돌아가자 미군정청 경찰 총수인 조병옥 경무부장이 제주도에 왔다. 조병옥은 3·1 사건을 폭동으로 규정하고 무질서한 제주도 치안을 바로잡겠다며 전라도에서 222명, 경기도에서 99명의 응원경찰을 불러들였다. 파업 중인 제주도청 공무원들에게는 "제주도 사람들은 사상적으로 불온하다. 건국에 방해된다면 싹 쓸어버리겠다"라고 무시무시한 발언을 했다. 조병옥의 발언으로 제주도는 '붉은 섬' '빨갱이 섬'이 됐다.

제주도에 파견된 응원경찰은 총 421명이나 되었다. 기존 제주도 경찰 330명을 넘어서게 된 것이다. 조병옥은 응원경찰에게 파업 주모자를 체포하라는 명령을 내렸다. 응원경찰은 투쟁위원회와 남로당 간부 등 200여 명을 3일 만에 체포했다. 이후 3월 말에는 300명, 4월 10일에는 500명이나 되는 사람들이 잡혀 왔다.

3·1 사건과 총파업을 겪은 후 제주도에는 많은 변화가 일어났다. 전북 출신 극우파 유해진이 제주도지사로 임명되었고, 서울 출신 김영배가 제주경찰감찰청장으로 부임했다. 도청과 감찰청 간부도 제주도 출신을 배제하고 육지 출신으로 바뀌었다. 특히 유해진은 부임 당시 '서북청년단'* 7명을 경호원으로 데려왔다. 서북청년단은 서북지방, 즉 평안도나 황해도에서 월남한 사람들이 만든 극우 반공 단체

다. 이들이 나중에 제주도를 혼란의 도가니로 빠트리는 역할을 한다.

유해진은 미군정청에서도 혀를 내두를 만큼 무능력했고 무모했다. 주민을 강압적으로 대해 적으로 돌렸고, 좌파는 물론 중도파도 허용하지 않는 독불장군이었다. 이로써 제주도 사람들은 경찰에 이어 육지 출신 도지사와 공무원들에게도 실망하게 되었다.

 서북청년단

서북청년단은 우익 청년 단체이며, 이승만 정부의 사병처럼 사용된 준군사 조직이자 자유당의 편에서 테러를 자행하던 정치깡패였다. 이들은 제주 4·3 사건, 보도연맹 학살 사건 등에 연루되어 민간인 학살과 고문 등의 범죄를 일으킨 것으로 유명하다. 서북청년단원이었던 안두희는 1949년 6월에 김구를 살해했다.

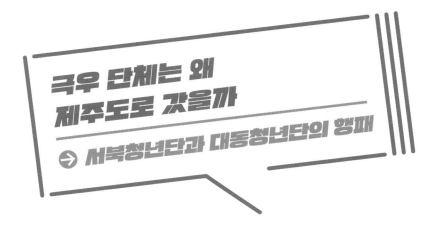

1947년 9월 제주도에서는 극우 반공 단체이자 우파 청년 조직인 대동청년단과 서북청년단 제주지부가 발족했다. 미군 방첩대와 제주도 지사 유해진이 이들을 지원했다. 이들은 이승만을 지지하는 단체였는데 경찰의 보조 업무를 하면서도 월급은 받지 못했다. 특히 북한 출신인 서북청년단은 급하게 쫓겨 내려오느라 빈털터리가 많았다.

제주도로 내려간 우파 청년 조직들은 애국심을 고취한다며 태극기나 이승만 사진을 판매했으나 잘 팔릴 리 없었다. 이들은 실망하지 않고 다른 사업을 구상했다. 바로 좌익분자를 색출한다는 명목으로 테러를 가하고 재물을 빼앗는 것이었다. 경찰이나 공무원도 눈감아 주었으므로 식은 죽 먹기였다. 극우 반공 단체들은 경찰 행세를 하며 아무 집에나 들어가 밥 내놓으라, 돈 내놓으라 했고, 거절하거나 반항하면 좌익분자를 찾는다며 소동을 피웠다. 이 무렵 제주도에서 행패 부리던 서북청년단은 760명 정도였다.

이때 한반도는 일본으로부터 해방을 맞이하고 2년이 지났어도, 남과 북으로 나뉘어 미국과 소련의 지배를 받았다. 당시 미국과 소련은 사이가 좋지 않았다. 제2차 세계대전까지 미국과 소련은 연합국으로 같은 편이었다. 하지만 일본의 항복으로 전쟁이 끝나고 세계의 우두머리 자리를 두고 다투기 시작했다. 미국은 자본주의 국가, 소련은 사회주의 국가와 관계를 맺느라 이념적으로 멀어졌다. 이것이 이른바 '미소 냉전'이다.

미국은 한반도 독립에 관한 문제를 유엔에 넘겼다. 당시 유엔에는 미국을 지지하는 서방 진영 국가가 압도적으로 많이 가입해 있었기 때문에 남한과 소련의 관계는 더 나빠졌다. 유엔은 남북한 총선거를 실시해 국회를 구성하고 통일 정부를 수립한다는 계획을 세웠다. 하지만 유엔의 남북한 총선거 계획은 소련의 반대로 무산되었다. 이러한 상황에서 유엔은 가능한 지역에서라도 선거를 실시하겠다고 선언했고, 1948년 5월 10일에 남한만 단독 선거를 치르기로 했다. 이 단독 선거 계획은 남한을 큰 혼란에 빠트렸다. 남로당 등 사회주의 단체나 남북통일을 염원하는 민족주의 계열은 단독 선거를 반대했고, 미국을 등에 업은 이승만 계열은 남한만이라도 선거를 치러 하루빨리 정부를 구성해야 한다고 주장했다.

이때만 해도 미군정의 합법 정당인 남로당은 1948년 2월 7일 총파업을 결의하고 '남조선 단독 선거 반대' 기치를 내건 투쟁을 선언했

냉전 시대

제2차 세계대전 이후 벌어진 미국의 자본주의 진영과 소련의 공산주의 진영 간의 대립을 냉전이라고 한다. 냉전은 직접적인 전쟁이나 전투가 없어 고요하지만, 위기는 절정에 달했던 상황을 비유한 표현이기도 한다. 1947년 3월 12일부터 1991년 12월 26일까지를 냉전기로 본다. 미국과 소련은 각자 핵무기를 막대하게 확보하면서도 서로 핵무기로 보복하면 세계가 공멸하는 상호확증파괴를 우려해 직접적인 전면전을 극도로 꺼렸다. 이 시기에 체제 경쟁으로 과학 기술이 빠르게 발전하기도 했다. 사진은 1970년대 초 냉전 시대 당시 미국 해군 F-4 팬텀 III기(하단)가 소련의 투폴레프 Tu-95기를 요격하는 사진이다.

다. 이때 제주도는 조금씩 시위가 발생하긴 했지만, 육지의 다른 도시나 지방에 비해 조용한 편이었다. 그러나 3월 들어 검거 선풍이 불었고 경찰에 연행된 청년이 고문으로 숨지는 사건이 잇달아 발생했다. 조천중학원 2학년이었던 21세 김용철이 조천지서에 연행된 지 이틀 만에 고문으로 사망했고, 모슬포지서에 잡혀간 대정면 청년 27세 양은하도 고문으로 숨졌다. 한림면 청년 22세 박행구는 서북청년단에 잡혀가 곤봉과 돌로 찍힌 상태로 총살당했다. 남로당 제주도당 핵심 간부들도 경찰에 잡혀갔다. 1947년 3월 총파업 의견을 냈던 대정면당 조직부장 이승진도 잡혀가다가 겨우 도망쳤다. 이러한 경찰과 서북청년단의 만행을 보고 남로당 제주도당은 "앉아서 죽느니 일어나서 싸우자"라고 주먹을 불끈 쥐었다.

남로당은 남한 만의 단독 선거가 통일을 가로막는다는 명분을 내세웠다. 동시에 경찰과 서북청년단 등 우파 반공 단체에 시달리는 민심을 남로당 쪽으로 되돌릴 기회라고 여겼다. 이 무렵 남로당 제주도당의 리더로 부각한 인물이 바로 스물다섯 살 이승진이다. 이승진은 이 무렵부터 '김달삼'이라는 가명을 썼는데, 김달삼은 이승진의 장인이자 남로당 중앙위원이며 선전부장인 강문석이 일제강점기 때 사회주의 운동하면서 쓰던 가명이었다.

"내가 책임을 맡겠소. 악질 경찰과 서북청년단을 싹 쓸어버립시다. 물론 5·10 단독 선거● 반대 투쟁도 함께 해야 하오."

남로당 제주도당은 김달삼을 군사위원장 겸 총사령관으로 임명했다. 이 무렵 남로당 제주도당을 이끌던 중장년의 지도자들은 검거를 피해 제주도를 떠났거나 몸을 피해 젊은이들로 세대교체가 이루어진 상태였다. 그래서 겨우 스물다섯 살인 김달삼이 총사령관이 된 것이다. 김달삼은 유격대 100명, 자위대 200명, 특경대 20명 등 320명의 무장대를 편성했다. 무기는 일본군이 쓰던 소총 27정, 권총 3정, 연막탄 7발, 수류탄 25발이 전부였고 무기를 소지하지 못한 대원은 죽창을 들었다. 이들이 고작 저 무기로 경찰과 맞서겠다고 나선 것은 어이없는 일이다. 북한의 지령을 받았거나 남로당 중앙당의 지원을 받은 것도 아니었다. 경찰과 서북청년단의 행패를 견디다 못해 젊은 혈기로 떨쳐 일어났을 뿐이다.

5·10 단독 선거

대한민국 제헌 국회를 구성하기 위해 1948년 5월 10일에 실시한 첫 번째 국회의원 선거다. 그러나 제주도에서는 남로당 제주도당 등이 선거를 방해하기 위해 경찰지서와 우익 인사를 습격했다. 그리하여 투표율이 저조한 지역이 발생했고, 그 지역들은 1949년에 재선거를 치렀다. 이로써 제주도는 남한에서 5·10 단독 선거를 거부한 유일한 지역이 되었다.

누가 제주도를 공격했을까
→ 4월 3일의 비극

1948년 4월 3일 새벽 2시, 한라산 오름에서 봉화가 붉게 타올랐다. 오름마다 타오르는 봉화를 본 남로당 무장대는 곧바로 제주도 내 24개 경찰지서 중 12개 지서를 습격했다. 이날 무장대의 가장 큰 공격목표는 애월면 신엄지서와 그 관내 구엄리였다. 구엄리는 남로당이 철천지원수로 여기는 우익인사가 살고 있었다. 120명의 무장대는 소총 4정, 다이너마이트 5발로 무장하고 공격에 나섰다. 그러나 80명이 공격한 애월지서에서 수류탄이 불발되는 바람에 이들의 움직임이 발각되었다. 이후 신엄지서가 즉각 대응 태세를 갖췄고, 무장대는 퇴각할 수밖에 없었다. 하지만 무장대는 무장하지 않은 구엄리 우익인사와 그의 가족 5명을 살해하고 10여 명에게 부상을 입혔다. 이 과정에서 무장대원 2명도 사망했다. 무장대 14명이 소총 1정과 죽창으로 공격한 화북지서에서는 지서가 불타 안에서 잠자던 사환이 숨졌

무장대의 무기들. 무장대는 죽창, 도끼 등 변변치 않은 무기 등으로 경찰과 대치했다.

고, 민가에 세 들어 살던 경찰관 부부가 살해됐다. 20명이 공격한 삼양지서에서는 지서 유리창을 죽창으로 깨트리는 데 그쳤고, 조천지서에서는 무장대 40명이 소총 2정으로 무장하고 접근했으나 발각되는 바람에 도망쳤으며, 한림지서에서는 무장대가 경찰과 대치하다가 상황이 종료됐다. 이날 경찰 4명, 우익인사 등 민간인 8명이 사망했다. 경찰과 민간인 부상자는 모두 23명이었다.

　제주도는 발칵 뒤집혔다. 지서 한 군데가 습격당해도 큰 뉴스인데 동시다발적으로 12개 지서를 무장대가 공격했기 때문이다. 경찰 당국은 무장대가 엄청난 병력과 무기를 소지했을 것이라고 믿고 지레 겁먹었을 것이다. 경찰 당국은 즉각 미군정에 지원을 요청했고 전남에서 응원경찰 100명, 경찰간부후보생 100명을 제주도에 파견했다. 조병옥 경무부장은 서북청년단 500명을 제주도에 파견했고 제주경찰감찰청에 무장대 토벌대인 '제주비상경비사령부'도 설치했다. 제주

비상경비사령부의 사령관으로는 만주군 소좌 출신 친일파인 경무부 공안국장 김정호가 임명됐다.

경찰은 준비를 마치고 토벌 작전을 개시했다. 그러나 육지에서 온 오합지졸 응원경찰은 돌담 뒤에 숨어서 총을 쏠 뿐 어떠한 작전도 펼치지 못했다. 토벌대를 향해 무장대가 돌격하면 무기를 버리고 도망가 무장대에게 무기를 공급해 주는 꼴이었다. 무장대는 경찰의 신식 무기를 노획해 더 강해졌고, 경찰은 토벌은커녕 자기 몸을 지키기도 힘들었다.

김정호 사령관은 상관 조병옥 경무부장과 상의해 새 작전을 펼치기로 했다. 이른바 '초토 작전'이다. 무장대와 내통한 마을은 남녀노소 가리지 않고 주민을 모두 죽이고 집과 가재도구 등을 모두 태워버려 마을을 없애겠다는 것이다. 제2차 세계대전 때 일본군이 만주 등에서 행한 작전으로, 과연 일본군 장교 출신다운 발상이다.

산간마을 주민 중 무장대에게 물 한 모금이라도 내주지 않은 사람이 없었다. 무장대에게 협력하지 않으려면 산을 내려가 읍내나 해변마을로 가야 하는데, 그곳에는 생활 수단이 없었다. 이러지도 저러지도 못하는 상황에서 주민들은 초토 작전의 대상이 되고 말았고, 작전은 실행되었다.

조천면과 애월면 일부 산간마을은 극비 작전이 개시되고 초토화되었다. 그러나 곧 야만적인 초토 작전의 실상이 알려졌고, 미군정이 현장 조사에 나섰다. 그러나 김정호 사령관은 시치미를 뚝 떼었다.

미군 고문관과 국방경비대 장교의 작전 논의

딘 미군정장관은 맨스필드 중령에게 본격적인 진압 이전에 무장대와의 교섭을 추진하라고 명령했다. 맨스필드는 도지사나 경찰청장 등 제주도의 주요 유지에게 협조를 요청했지만 거부당했다. 결국 9연대장 김익렬 중령에게 찾아가 협조를 부탁했고, 김익렬은 받아들였다고 한다.

"무장대의 터무니없는 중상모략이오. 주민을 안전하게 보호할 책임이 있는 경찰이 그런 짓을 하겠소?"

일본군 장교 출신 토벌대 사령관은 입술에 침도 안 바르고 거짓말을 했다. 펄쩍 뛰던 미군정은 사령관의 거짓말에 속아 주는 척하더니 그 뒤로는 더 간섭하지 않았다. 그렇게 초토 작전이 계속돼 산간마을이 하나씩 사라지는가 싶더니 상황이 돌변했다. 산간마을 주민들이 무장대에 가담하기 시작한 것이다. 어떻게 하든 억울한 일이라면 무장대와 함께 발악이나 해보겠다는 심정이었을 것이다. 결국 제주도 산간마을 주민 대부분이 무장대 근거지로 옮겨와 함께 생활하게 됐고, 경찰은 다시 산에서 쫓겨 내려왔다.

9연대가 쓴
99식 소총

미군정은 경찰력으로 무장대를 토벌하기 어렵다고 판단해 제주도 모슬포에 주둔한 국방경비대 9연대에 사태 진압을 명령했다. 국군 창설을 위한 준비 단계에 있던 국방경비대는 경찰에 비하면 찬밥 신세였다. 제주도만 해도 경찰 전원이 미군 무기인 카빈 소총을 소지했고 중기관총과 미군 수송 장비, 무전기 등 기동력과 화력을 가졌다. 그러나 9연대의 장병 약 900명에게

는 일본군이 버리고 간 99식 소총과 대검이 전부였고 탄환은 한 발
도 없었다. 수송 장비도 낡은 트럭 2대, 지프 1대가 전부였다.

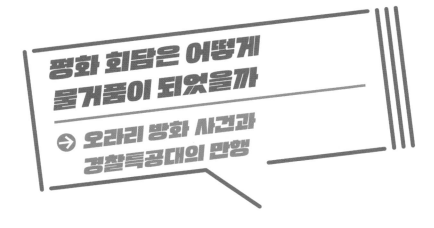

평화 회담은 어떻게
물거품이 되었을까
→ 오라리 방화 사건과
경찰특공대의 만행

9연대장 김익렬 중령은 민족의식이 강한 사람이었다. 군인은 외적과 싸워야지 내 나라 국민과 싸워서는 안 된다고 생각했다. 김익렬은 1947년 9월 제주도 9연대에 부임해서 지금까지의 사태를 지켜봤고, 경찰이 주민에게 어떤 만행을 저질렀는지도 잘 알고 있었다. 그런 사람에게 무장대 토벌 명령이 내려졌다. 그렇더라도 군인은 명령에 복종해야 한다는 것도 잘 알고 있는 그는 고작 스물일곱 살의 젊은이였다.

김익렬은 제주도 군정장관과 상의해 무장대 지도자를 직접 만나 귀순을 설득하기로 했다. 그러나 무장대가 어디 숨어 있는지, 지도자가 누구인지 전혀 알 수 없었다. 그는 생각 끝에 제주 각지 산간마을에 미군이 연락기로 사용하는 경비행기로 연대장 명의의 '삐라'(전단지)를 뿌렸다.

안전보장증명은 모든 한국군과 우방군이 인정하는 것임

SAFE CONDUCT PASS TO BE HONORED BY ALL ROK FORCES AND ALLIED TROOPS

안전보장증명

안전보장증명

이 증명은 당신에게 살길을 부여한다

삐라

전단지를 가리키는 일본어 비라ビラ에서 유래된 말이다. 한국에서는 대북 또는 대남 심리
전 용도로 사용하는 전단지를 일컫는 말로 사용된다.

> "군은 제주도민을 적으로 삼을 생각 없다. 불만은 평화적 수단으로 해
> 결해야지, 무력을 사용하는 것은 도움이 되지 않는다. 무기를 버리고
> 귀순하면 내가 책임지고 안전을 보장하겠다. 연락하라."

다음 날 모슬포 주변에서 믿을 수 없다는 무장대 삐라가 발견됐
다. 김익렬은 포기하지 않고 무장대와 연관이 있을 것 같은 산간마
을에 군인을 보내 정찰 활동을 하면서 주민들을 설득했다. 군인들은
주민들에게 밥 한 끼 요구하지 않았고, 오히려 양식을 나눠 주고 아
픈 사람에게는 약도 주는 등 선행을 베풀었다. 군인들의 친절과 선행
은 귓속말로 다른 산간마을에 전해졌고 무장대의 귀에도 들어갔다.
이에 무장대는 김익렬 측에게 조건을 내세워 만나자고 연락했다.

"연대장이 수행원 1명만 데리고 회담장에 오라. 시간, 장소는 우리가 정해 주겠다."

회담 날짜는 1948년 4월 28일로 정해졌고, 그날 오전 11시에 무장대 측 안내자가 9연대 주변에 나타났다. 안내자는 김익렬과 수행원을 데리고 회담장으로 움직였다. 회담장은 제주도에서 가장 높은 고도에 자리한 대정면 구억리 구억국민학교였다. 구억국민학교는 지리적으로 무장대에게 유리한 곳이었다. 학교에서 내려다보면 중문면 일대와 해안선 그리고 대정면 일대와 모슬포까지 훤했고, 특히 9연대 영내 식별이 가능했다. 게다가 한라산 밀림지대가 가까이 있어 여차하면 수백 명의 인원과 장비를 숨기기에도 안성맞춤이었다.

학교에서 김익렬을 맞은 사람은 김달삼이다. 김익렬은 자신보다도 어려 보이는 김달삼이 실제로 무장대 지도자인지 의심했다. 그는 김달삼 주변에 나이가 들어 보이는 우락부락한 사람들 가운데 한 명이 지도자가 아닐까 생각했다. 그러나 대화를 조금 나누어 보니 이 청년이 지도자라는 것과 겨우 스물다섯 살이라는 걸 알게 됐다. 젊고 신중하고 순수한 두 청년은 서너 시간 동안 목청 높여 싸우기도 하고, 조국의 미래를 함께 걱정하면서 회담을 이어 갔고, 마침내 더 이상의 폭력은 없어야 한다는 데 합의했다. 합의 내용은 이렇다.

❶ 72시간 이내 전투 행위 금지, 5일 후 전투 행위는 배신으로 간주

❷ 3개월 이내 단계적 무장 해제

❸ 민족 반역자와 악질 경찰, 서북청년단 중 범법자 처벌하고 추방

❹ 무장대 범법자 명단 작성하되 범인들의 자수나 도망은 자유의지에 맡기고 귀순 절차 합의

이들은 9연대 본부와 제주읍 비행장에 귀순자 수용소를 설치하기로 하고 부족하면 서귀포, 성산포 등에도 수용소를 설치하기로 했다.

첫날은 어린아이와 부녀자들만 산에서 내려와 귀순했다. 이들은 산간마을 주민인데 초토 작전이나 서북청년단의 행패 때문에 살 수가 없어서 무장대에 합류한 선량한 사람들이었다. 둘째 날에 귀순한 사람은 첫째 날보다 많았고, 이후에는 수용소 천막이 부족해져 시설을 늘려야 했다. 제주도는 짐짓 평화를 찾아가고 있었다. 그러나 그 평화는 딱 3일뿐이었다. 1948년 5월 1일 오전 11시, 제주읍 중심에서 가까운 오라리 마을에 대북청년단 등 우익 청년 단체가 들이닥쳐 민가 12채를 불태웠다. 평화 회담 이전에 마을 전체를 잿더미로 만들던 초토 작전 그 자체였다. 이를 '오라리 방화 사건'●이라고 부른다.

평화 회담에 무장대 전 구성원이 동의한 것은 아니어서 일부 대원의 돌출 행동이 원인이 되었다. 4월 29일에 오라리 대동청년단 부단장과 단원이 납치되어 행방불명되었다. 다음 날에는 대동청년단원의 부인 두 명이 납치되어 한 명은 맞아 죽고, 한 명은 구사일생으로 도망친 사건이 발생했다. 5월 1일 9시에 살해된 부인의 장례식이 열렸

고, 경찰 서너 명과 대동청년단원 30여 명이 참석했다.

장례식이 끝나자 경찰들은 트럭을 타고 돌아갔으나 대동청년단원은 남아 있었다. 이들은 무장대에 도움을 준 것으로 의심되는 사람들의 집을 골라 불태우고 사라졌다. 마을이 불에 타자 무장대 20여 명이 대동청년단원들을 추격했고, 그 과정에서 오라리 마을에 살던 경찰관의 늙은 어머니를 살해했다.

5월 3일에는 경찰 50여 명이 귀순하던 주민 300여 명에게 총격을 가했다. 경무부장 조병옥과 공안국장이자 토벌대 사령관 김정호 등 경찰 수뇌부는 사태가 평화적으로 해결되면 자신들의 무능력과 초토 작전 등 만행이 드러날 것을 두려워했다. 그래서 경찰특공대를 꾸려 평화 회담을 방해한 것이다. 오라리 방화 사건과 경찰의 총격으로 평화는 다시 물거품이 되었다.

 오라리 방화 사건

우익 청년단원 30여 명이 오라리 마을에 불을 지른 사건이다. 9연대는 조사 끝에 우익 청년단원들의 소행임을 밝히고 미군정에 보고했다. 하지만 미군정은 경찰의 조작된 보고만 듣고는 '폭도들의 소행'이라며 강경 진압 작전을 명령했다. 오라리 방화 사건은 학살의 서막이었다. 오라리 방화 사건은 영상 자료가 남아 있는데, 미합중국 육군이 '제주도 메이데이'라는 이름의 기록영상물로 제작했다.

제주도의 목소리는
어떻게 가로막혔을까

→ 잠들지 않는 남도

평화 협상은 깨졌다. 무장대는 다시 지서를 습격했고, 경찰은 산간마을 양민을 학살했다. 귀순자들은 가혹한 고문에 시달리다가 다시 산으로 도망갔다.

5월 5일, 미군정청 장관 딘 장군이 민정장관 안재홍, 경비대총사령관 송호성 준장, 경무부장 조병옥과 함께 제주도에 와서 긴급 대책회의를 열었다. 제주도 군정장관 맨스필드, 제주도지사 유해진, 제주도 경찰감찰청장 최천, 제주 경비대 9연대장 김익렬 중령이 회의에 참석했다.

최천 감찰청장은 "국제공산주의가 사전에 조직하고 훈련해 일으킨 폭동이므로 군경 합동 작전으로 철저하게 토벌해야 한다"라고 말했다. 김익렬 연대장은 "공산주의자, 불평분자, 밀무역자 등이 일으킨 폭동이며 폭동자 수가 수만 명이 된 것은 경찰의 무리한 초동 작전

제주비행장에 도착한 미군정 수뇌

제주 4·3 사건의 피해자들 대다수가 이승만 정부와 미군정의 초토화 작전 때문에 피해를 입게 되었다. 하지만 강경 진압을 직접적으로 지휘한 미군정 역시 사죄나 반성 없이 본국으로 복귀했다. 맨 오른쪽에 김익렬 연대장이 있고, 김익렬 왼쪽 인물의 뒤에 반만 보이는 사람이 조병옥 경무부장이다. 미군정장관 윌리엄 딘은 맨 왼쪽에서 두 번째에 있다.

실패에 따른 것", "실제 무장한 인원은 300명 내외다"라고 말했다. 이어서 "경찰의 기강 문란과 평화 회담 방해로 폭도가 증가한 것이다"라고 역설했다. 그리고 그는 그동안 수집한 서북청년단과 경찰의 만행을 증명하는 자료와 사진을 딘 장관에게 제시했다. 경무부장 조병옥이 그동안 보고한 내용과는 하늘과 땅만큼이나 달랐다. 딘 장관이 조병옥을 질책하자 조병옥은 발끈했다.

"저 자료와 사진은 조작된 것이고 김익렬 아버지는 국제공산주의자로 소련에서 교육받고 이북에서 간부로 활동하고 있다. 김익렬도 공산주의자다!"

김익렬의 아버지는 김익렬이 다섯 살이던 1925년에 사망했다. 조병옥의 터무니없는 거짓말과 모함을 들은 김익렬이 조병옥의 멱살을 잡았고 회의장은 난장판이 되었다. 다음 날 김익렬 연대장은 교체되었고 "폭동 진압을 위해서 30만 도민을 희생시켜도 된다"라는 발언을 한 일본군 출신 박진경 중령이 연대장으로 부임했다.

미군정 당국은 5·10 단독 선거 이전에 제주도의 혼란을 조기 진압하려고 마음먹었다. 5·10 단독 선거는 미국과 소련의 자존심 싸움이기도 했다. 미국과 이승만은 남한만이라도 선거를 진행해서 정부를 구성하려 했다. 소련은 그들의 영향력을 행사할 수 있는 통일 정부가 구성되기를 원했으므로 남한만의 단독 선거에 반대했던 것이다.

이러한 상황에서 무장대는 선거관리위원을 살해하고 선거 관련 기록을 빼앗는 등 선거 방해 활동에 적극적으로 나섰다. 이에 따라 제주도 3개 선거구 중 북제주군 갑구와 을구 2개 선거구는 선거를 치르지 못 한 곳도 있었고, 치렀으나 과반에 미치지 못해 선거 자체가 무효가 된 곳도 있었다. 그나마 남제주군 선거구에서만 겨우 당선자를 냈다. 제주도의 선거 결과로 미군정은 체면을 구겼다.

이때부터 초토 작전이 다시 시작되었다. 선거 직후부터 7월까지,

경무부장 조병옥의 지시로 "빨갱이 때려잡으러" 응원경찰 1500명이 제주도에 들어왔다. 7월 20일에는 초대 대통령 선거가 치러져 김구, 안재홍, 서재필을 제치고 이승만이 대통령에 당선되었고 8월 15일, 대한민국 정부가 수립되었다. 11월이 되자 정부는 사태 진압을 위해 17일에 제주도 전역에 계엄령을 선포하고 중산간 지역 전체를 겨냥한 초토 작전을 실시했다. 그 결과 중산간마을의 95퍼센트 이상이 소각되었고, 많은 사람이 다치거나 죽었다. 동시에 해안마을에서도 불법적인 처형이 이루어졌다. 무장대 역시 마을을 습격하고, 민가를 불태워 민간인을 살해했다.

제주도 주민들을 대상으로 하는 초토 작전은 11월부터 이듬해 3월까지 펼쳐졌다. 이승만 대통령이 국무회의에서 "미국의 원조를 받기 위해서는 가혹한 방법을 써서라도 제주 사건을 해결해야 한다"라고 말했기 때문이다. 진압군은 산간마을에 사는 주민에게 해안마을로 내려와 경찰 조사를 받으라고 명령했다. 순진하게 해안마을로 내려온 주민들은 무장대 근거지를 대라며 가혹한 고문을 당했다. 더 깊은 산속으로 도망간 주민이 많았고 삶의 터전을 지키겠다며 집을 떠나지 않은 주민도 있었다. 게으른 연락병 때문에 아예 이러한 명령을 받지 못한 마을도 있었다. 진압군은 산간마을을 불태우고 피난하지 않은 주민을 무장대로 간주해 무차별적으로 학살했다. 여성도, 어린이도, 노인도 가리지 않았다. 진압군은 악마였고 그들의 배후에는 이승만 대통령과 미국이 있었다. 1949년 6월에는 김달삼의 뒤를 이

학살을 피해 도망간 제주도 주민들

토벌대들은 중산간마을을 돌아다니면서 모든 주민을 폭도로 간주해 학살했다. 마을에 불을 지르고 주민들을 모아 구타했다. 그들은 총살자 가족에게 총살당하는 사람을 보게 하며 만세를 부르고 손뼉을 치게 하는 악랄한 행위도 서슴지 않았다. 마을을 탈출한 사람들은 한라산 인근을 떠돌아다니며 동굴이나 숲에 숨었다. 하지만 토벌대는 숨은 주민들도 색출해 학살했다.

4·3희생자 마을별 분포지도

총계: 14,738 (2023년 3월 기준)

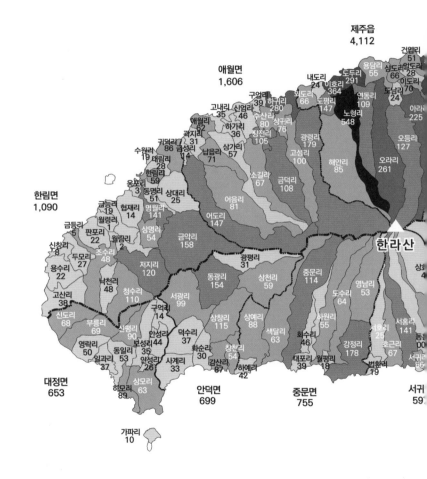

제주읍
4,112

건입리
51

용담리 삼도리 일도리
55 66 28

내도리 도두리 이도리
24 291 70

애월면 이호리 도평리 도남리
1,606 66 364 24

구엄리 외도리 연동리 아라리
39 66 109 225

고내리 신엄리 하가리 노형리
35 46 280 548

애월리 하가리 수산리 상귀리 오등리
62 36 80 76 127

귀덕리 곽지리 장전리 광령리 오라리
31 86 105 179 261

수원리 금성리 납읍리 상가리 고성리 해안리
19 대림리 14 71 57 100 85

한림면 한림리 옹포리 소길리 금덕리
1,090 59 3 67 108

금릉리 동명리 상대리 어음리
19 51 25 81

한림면 협재리 명월리 어도리
명월리 14 141 147

금등리 월령리 상명리 금악리
5 1 54 158

판모리 월림리 광평리
22 31

신창리 조수리 저지리 동광리 상천리 중문리 영남리
8 48 120 154 59 114 53

두모리 낙천리 서광리 상창리 상예리 도수리 상효
용수리 27 48 청수리 99 115 88 색달리 64 4
22 110 구억리 덕수리 63 하원리
고산리 14 37 화순리 창천리 회수리 55 서홍리
38 안성리 30 54 46 강정리 141
신도리 무릉리 35 갑산리 하예리 대포리 월평리 178 서호리 동
68 90 신평리 안성리 사계리 87 42 39 18 범환리 호근리 00
보성리44 26 19 67 서귀
영락리 동일리 33 안덕면 중문면 서귀
50 일과리 53 37 상모리 하모리 63 699 755 59
대정면 37 63 89
653
가파리
10

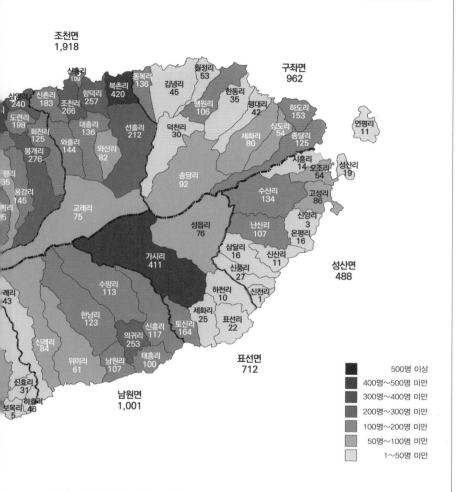

조천면
1,918

삼흥리
109

신촌리
183

삼양리
240

조천리
266

덕천리
198

회천리
125

와흘리
144

봉개리
276

평리
35

용강리
145

터리
5

교래리
75

함덕리
257

대흘리
136

와산리
82

북촌리
420

동복리
136

선흘리
212

덕천리
30

월정리
53

김녕리
45

행원리
106

한동리
35

세화리
80

송당리
92

평대리
42

상도리
54

하도리
153

종달리
125

시흥리
14

오조리
54

성산리
19

수산리
134

성읍리
76

난산리
107

고성리
86

신양리
3

온평리
16

삼달리
16

신산리
11

구좌면
962

연평리
11

성산면
488

가시리
411

신풍리
27

신천리
1

레리
43

수망리
113

한남리
123

신례리
84

위미리
61

의귀리
253

신흥리
117

토산리
164

세화리
25

하천리
10

표선리
22

표선면
712

신효리
31

하효리
46

보목리
5

남원리
107

태흥리
100

남원면
1,001

500명 이상
400명~500명 미만
300명~400명 미만
200명~300명 미만
100명~200명 미만
50명~100명 미만
1~50명 미만

본 분포지도는 정부에서 공식적으로 인정한 4·3희생자 명단에 근거한 것이며, 희생자 추가신고가 지속적으로 이루어지면서
희생자 수는 매년 증가하고 있음.(정부의 진상조사보고서는 4·3희생자 수를 25,000~30,000명으로 추정하고 있음.)

어 무장대 사령관이 된 이덕구가 사살됐다. 이때쯤 무장대는 거의 남아 있지 않았다. 그러나 무장대 소탕 작전은 한국 전쟁이 끝난 1954년까지 계속되었다.

제주 4·3 사건으로 숨진 사람은 2만 5000명에서 3만 명으로 추정된다. 제주도 인구 10분의 1이 이때 죽은 것이다. '제주 4·3 사건 진상 규명 및 희생자 명예회복위원회'에서 밝힌 신원이 확인된 사망자는 1만 5533명이다. 아직 신원을 밝히지 못한 사망자가 1만 명 이상 남아 있다. 진압군에 의해 학살된 사망자가 7624명, 무장대에게 희생된 사망자는 1528명이다. 지도자의 어이없는 명령으로 진압에 나선 군인 162명, 경찰 289명, 우익청년단 640명 등 토벌대 1091명도 사망했다.

남로당 무장대는 처음 320명이었고 사건이 끝날 때까지 그 인원을 크게 벗어나지 않았다. 그들은 분명 공산주의자였고, 토벌해야 할 적이었다. 그러나 무고한 민간인 희생자가 너무 많았다. '빈대 잡으려다가 초가삼간 태운' 셈이다.

4·3의 진실을 밝혀라!

제주 4·3 사건은 1954년 9월 21일 정부가 한라산 통행금지를 해제함으로써 끝났다. 항쟁은 이미 끝났지만 정부의 악랄한 토벌이 이날에서야 그쳤다는 의미다. 1947년 3월 1일 경찰이 무고한 시민을 향해 총을 쏜 지 7년 6개월 만이었다.

그러나 제주 4·3 사건의 피해자와 유족들은 울분을 삼키며 찍소리도 못하고 살아야 했다. 당시 이승만 정권은 여전히 제주도 사람들을 '빨갱이'로 보고 있었다. 1960년 4·19 혁명으로 이승만 독재 정권이 무너지자 비로소 제주도의 대학생들이 '4·3 사건 진상규명동지회'를 결성해 자체 조사 활동에 나섰고 진상 조사를 촉구하는 궐기대회를 열었다. 서울에 유학 중인 제주 출신 대학생들은 국회 앞에서 제주 4·3 사건 진상 규명을 촉구하는 시위를 벌였고, '제주도민 학살사건 진상규명대책위원회'도 조직했다.

1961년에 5·16 군사 쿠데타를 일으킨 박정희와 군인들은 진상 규명 운동을 짓밟고 관련자들을 체포·구금했다. 피해자와 유족들은 박정희 정권 내내 억울한 사정을 입 밖에 내지 못했다. 1978년 제주 출신 소설가 현기영이 《창작과비평》에 소설 《순이삼촌》을 발표해 제주 4·3 사건의 참상을 처음으로 국민에게 알렸다. 그러나 현기영은 군 정보기관에 끌려가 고문을 당했고, 1979년에 출판된 《순이삼촌》은 불온서적이라며 판매 금지가 되었다가 1990년에야 해제됐다.

　　1980년 5·18 민주화 운동과 1987년 6·10 민주항쟁 이후 제주 4·3 사건은 운동권의 주요 이슈로 떠올랐다. 1987년 4월 3일에는 제주대학교 총학생회에서 위령제를 지냈으며, 1989년에는 시민 단체가 추모제를 지냈다. 1989년 5월에는 제주4·3연구소가 발족해 증언집 등을 발간했고, 《제민일보》는 '4·3은 말한다'를 연재해 관련 증언을 기록했다.

　　1997년 '제주4·3 제50주년 기념사업추진 범국민회의'가 결성되었고, 대통령에 출마한 김대중은 '제주 4·3 사건의 진상 규명과 명예회복'을 공약으로 내걸었으며, 여당이 된 새정치국민회의는 '제주도 4·3사태 진상조사특별위원회'를 설치하고 제주 4·3 사건 공청회 등을 개최했다. 시민 단체와 국회의 노력으로 1999년 〈제주4·3사건 진상규명 및 명예회복에 관한 특별법〉(이하 4·3특별법)이 통과돼 이듬해 1월 공표되었다. 4·3특별법에 따라 '제주4·3사건 진상규명 및 희생자 명예회복 위원회'가 출범해 보고서 작성, 4·3평화공원 조성, 4·3평화재단이 설립됐다.

2003년 10월, 제주 4·3 사건의 진상을 담은 정부 공식 보고서가 발간됐고, 노무현 대통령은 제주도를 방문해 국가권력이 잘못했음을 시인하고 사과했다. 2005년에는 제주도를 평화의 섬으로 지정했다.

4·19 혁명

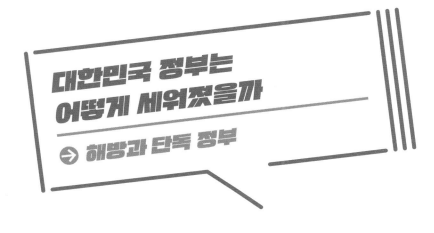

대한민국 정부는
어떻게 세워졌을까
→ 해방과 단독 정부

"왜 양코배기들이 몰려온 거야?"

"일본 대신 미국과 소련이 우리나라를 다스린다잖아."

해방을 맞이한 한반도에서는 기막힌 일이 벌어졌다. 제2차 세계대
전에서 승리를 거둔 연합국이 전쟁에 패배한 일본뿐만 아니라 한반
도의 남북한을 나누어 점령한 것이다. 한반도에 주둔했던 일본군의
무장을 해제한다는 명분으로 약 3년간 북위 38도선을 기준으로 남
쪽은 미군, 북쪽은 소련군이 점령해 다스렸다. 이것이 바로 제주 4·3
사건에서도 얘기한 '미군정 시기'다.

이 시기에 우리는 힘이 없었고 중국에서 활동하던 대한민국 임시
정부는 귀국도 하지 못한 상황이다. 이때 벌어진 일이 지금까지도
한반도에 영향을 끼치고 있다. 현재 한반도가 남과 북으로 갈라져

통일을 이루지 못한 세계 유일의 분단국가인 것도 미국과 소련이 한반도를 분할 점령했기 때문이다.

해방 후 최장 5년간 한국의 신탁통치를 결정한 미·영·중·소 연합국 측은 남북을 점령한 미국과 소련에게 '미소공동위원회'를 설치해 한국 정부 수립 문제를 해결하도록 했다. 그러나 미소공동위원회는 아무런 성과도 내지 못했다. 1947년 11월, 미국은 유엔에 한국 문제를 상정했고 소련의 불참 속에 한반도에서 인구 비례에 따른 총선거 실시하기로 하고 선거 감시와 관리를 위해 한국임시위원단 파견을 결정했다. 유엔 감시하에 한국에서 총선거를 치러 정부가 구성되면 미군과 소련군은 한반도에서 철수하자는 것이 유엔 총회의 결정이다. 한국임시위원단은 1948면 1월 한국에 도착했지만 소련이 유엔의 결정을 따르지 않아 북한에서 활동할 수 없었다.

이때 이승만은 남한만의 단독 선거로 정부를 세우자고 주장했고, 임시정부 주석이던 김구는 남북한 총선거를 통해 통일 정부를 세워야 한다고 주장했다. 주로 해외에서 활동한 이승만은 국내 정치 기반이 약했기 때문에 남북한 총선거를 실시하면 김구나 여운형, 김일성 등에게 이길 자신이 없었다. 그러나 남한에서만 선거한다면 미군정과 친일파 관리의 지원을 받을 수 있을 것이므로 소련의 총선거 반대가 고마웠을 것이다.

결국 1948년 2월, 유엔 총회에서는 남한만이라도 단독 선거를 치러 독립 정부를 수립할 것을 의결했다. 이에 따라 1948년 5월 10일

신탁통치

신탁통치는 '독립할 능력이 없는 나라를 강대국이 일정 기간 통치하는 제도'다. 1945년 12월 모스크바 3국 외상 회의에서 대한민국에 대한 신탁통치가 결정되었다. 신탁통치 반대운동은 광범위하게 전개되었는데, 모스크바 결정이 국내에 전해지는 과정에서 우익 언론사들의 보도를 중심으로 내용의 왜곡이 발생했고, 이에 따라 신탁통치 반대운동은 주로 우익 세력이 주도하는 반소반공적 성격을 띠게 되었다. 초기에 신탁통치 반대를 주장했던 좌익 세력은 곧 모스크바 삼상회의 결정 지지로 입장을 선회했고, 이후 한국 정치의 좌우 대립이 본격화되었다.

제헌 헌법

제헌 국회가 제정한 〈헌법〉으로, 1952년 7월 7일 대한민국 〈헌법〉 제2호 개정 전까지 존재한 대한민국의 〈헌법〉이다. 대한민국 임시정부 법통의 계승을 선언한 〈제헌 헌법〉은 대한민국 임시정부의 정신을 계승한 것으로, 헌장이나 모든 제도를 계승한 것은 아니다.

남한에서 선거가 치러졌다. 이를 '5·10 총선거' 또는 '제헌 국회의원 선거'라고 부른다. '제헌 국회'란 1948년 5월 31일부터 1950년 5월 30일까지 활동한 국회로, 대한민국 역사상 최초로 열린 국회이며 국호와 〈헌법〉을 제정한 국회다. 당시 이승만은 동대문 선거구에 단독 입후보해 무투표 당선되었다. 국회는 최고령자 이승만을 국회의장으로 뽑았다. 제헌 국회는 7월 17일 〈제헌 헌법〉을 공포했고, 이에 따라 국회에서 대통령 선거를 치러 일흔세 살 이승만을 초대 대통령으로, 일흔아홉 살 이시영을 부통령으로 선출했다. 이어 8월 15일에 대한민국 정부 수립을 선포했고, 12월에는 유엔 승인을 받았다. 이렇게 대한민국은 남한의 단독 선거를 거쳐 탄생하게 되었다.

이때 북한은 사회주의를 채택하고 1948년 9월 9일 김일성을 수상으로 한 내각을 출범시켰다. 북한의 나라 이름은 '조선민주주의인민 공화국'이 되었다. 대한민국은 북한을 나라로 인정하지 않지만, 실제로는 북한도 유엔에 가입한 엄연한 국가가 된 것이다.

이승만은 미군정청에서 일하던 관리들을 정부 관리로 등용했는데 대부분 일본 총독부 관리 출신들이었다. 오랜 해외 생활로 국내 정치 기반이 약했기 때문에 해방 후부터 친일파와 손을 잡았고, 대통령이 된 뒤에도 자연스럽게 이어진 것이다.

"악독한 친일파를 먼저 처벌하라!"

대한민국 정부가 들어서자 국민이 가장 먼저 요구한 것은 일본에 아부하며 자국민을 괴롭혀 온 친일파를 찾아내 처벌하라는 것이다. 제헌국회는 국민의 뜻에 따라 〈반민족행위처벌법〉(이하 반민법)을 제정했고, '반민족행위특별조사위원회'(이하 반민특위)를 설치해 친일경찰, 친일작가 등을 잡아들였다. 그러자 이승만이 발끈했다.

"치안기술자를 잡아 가두면 민심만 흩어지게 할 뿐이니 석방하시오."

반민특위는 이승만과 친일파들의 방해●로 1년 만에 해체되고 말았다. 이승만과 친일파 관료들은 우리나라를 반공 국가로 만들기 위해 애썼다. 해방 후 3년간 남한을 다스리며 이승만과 친일파에게 힘

반민특위 재판 공판

반민특위는 일제강점기 친일반민족행위자들에 대한 처벌을 목표로 활동했다. 이들은 노덕술, 최운하 등의 경찰 간부, 일제강점기 당시 창씨개명을 권장했던 소설가 이광수 등 문화계 인사 등을 구속했다. 친일파를 약간이라도 구속하는 성과는 있었지만, 처벌에는 실패했다. 실형 선고를 받은 7인도 이듬해 봄까지 재심청구 등의 방법으로 모두 풀려났기 때문이다.

을 실어준 미국 입맛에 맞추려는 것이었다. 제2차 세계대전 때는 연합국으로 일본과 독일에 맞서 함께 싸운 미국과 소련이지만, 전쟁이 끝나자 두 나라는 앙숙이 되었다. 미국은 자본주의, 소련은 사회주의를 이념으로 삼았기 때문이었다.

이승만은 담화로 반민특위를 견제했는데, 그 요지는 반민특위가 삼권분립의 원칙에 위반된다는 것이었다. 그래서 안보 상황이 위급한 때 경찰을 동요시켜서는 안 된다고 했다. 이에 대법원장이자 반민특위특별재판부장이었던 김병로 등은 불법이 아니라는 담화를 발표하고 대통령 담화의 철회를 요구했다. 이승만은 비협조로 일관하다 반민법 개정안을 상정했지만 부결되었다.

이승만은 어떻게 개헌안을 통과시켰을까

→ 거짓말과 조작의 시작

나라를 일으키느라 바쁜 시기였음에도 1950년 6월 25일에 한국 전쟁이 발발했다. 한국 전쟁은 공산주의자가 장악한 북한이 남한을 해방하겠다는 명분으로 일으킨 전쟁이다. 남한은 북한의 남침 가능성을 알고 있었으나, 당시 신성모 국방장관은 북한이 절대 남침할 리 없다며 무시했다. 전쟁이 일어나기 하루 전에도 북한이 남침을 준비한다는 정보를 입수했지만, 정부는 전국 비상경계령을 해제했다. 게다가 전쟁이 일어나기 전날 밤 남한 육군본부는 장교클럽 낙성식을 축하하는 파티를 열었다. 서울 인근 군 지휘관과 고급장교 등은 모두 이 자리에 참석해 늦게까지 술을 마시며 파티를 즐겼다. 전후방의 장병들도 농번기를 맞아 절반 이상이 휴가를 받아 부대를 비운 상태였다. 이러한 무방비 상태에서 전쟁이 일어난 것이다.

전쟁이 일어난 지 이틀 뒤인 6월 27일 새벽 2시, 이승만은 특별 열

한강철교(왼쪽)과 한강인도교. 다리의 폭파로 서울은 조선인민군의 수중에 넘어갔다.

차를 타고 대구까지 피난 갔다가 대통령 혼자만 피난 가는 게 머쓱해졌는지 대전으로 돌아왔다. 이날 새벽 6시 국방장관 겸 국무총리 서리 신성모는 수도를 서울에서 수원으로 옮긴다고 발표했다. 오후에는 수도를 옮긴다는 소식은 잘못된 것이라며 "대통령 이하 전원이 평상시와 같이 중앙청에 근무하고 있으며 국회도 수도 서울을 사수하기로 했다"라고 방송했다. 대통령은 피난민 1호로 벌써 도망갔고, 정부는 갈팡질팡하며 거짓 방송을 내보내니 국민은 어떻게 해야 할지 갈피를 잡을 수 없었다.

6월 28일 새벽, 채병덕 육군 총참모장을 비롯한 육군본부 간부들과 이시영 부통령이 대통령을 따라 피난길에 나섰고, 이들이 한강을 건너자마자 군인들은 한강 인도교를 폭파했다. 이때 수십 대의 차량과 500여 명의 피난민이 인도교를 건너다가 날벼락을 맞았다. 북한군은 서울로 밀고 들어오는데 피난 가려던 시민들은 다리가 끊어져 발만 동동 구르다가 집으로 돌아가야 했다. 국민과 국토를 지켜야 할 대통령과 정부는 먼저 도망갔고, 국민은 안중에도 없다는 태도여서 민심은 몹시 나빠졌다.

북한군은 낙동강까지 밀고 내려왔으나 유엔군 참전으로 전세가 역전되었다. 이후 남한군과 유엔군이 압록강과 두만강 일대까지 진격했다. 통일이 눈앞에 왔다고 생각한 순간 중공군 수십만 명이 개입해 한국군은 38선 이남으로 밀려났다. 이때 우리 국토는 미군 폭격기 공습으로 처참하게 파괴되었다. 특히 평양을 비롯한 북한 지역의 참

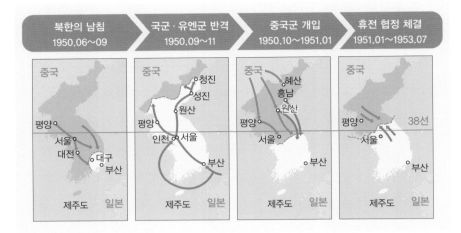

| 북한의 남침 1950.06~09 | 국군·유엔군 반격 1950.09~11 | 중국군 개입 1950.10~1951.01 | 휴전 협정 체결 1951.01~1953.07 |

6·25 전쟁 과정

상은 이루 말할 수 없는 지경이었다.

　1951년 5월부터는 38선 부근에서 남한군과 북한군이 서로 일진일퇴를 거듭했고, 전쟁은 장기전에 돌입했다. 국민보다 먼저 피난 간 이승만과 정부는 대전, 대구를 거쳐 부산을 임시 수도로 정했다.

　전쟁 중에도 이승만은 종신 대통령을 꿈꿨고, 자신이 다음 대통령이 될 길을 찾고 있었다. 이때는 국민이 대통령을 뽑는 '직접 선거'가 아닌, 국회에서 대통령을 뽑는 '간접 선거'였다. 그런데 이승만은 국회와 사이가 단단히 틀어져 간접 선거로는 당선 가능성이 없었다. 방법을 찾던 이승만 정권은 국회에 직선제 개헌안을 냈다.

"대통령을 직접 선거로 뽑으면 경찰 등 공무원을 총동원해 부정 선거를 치를 것이 빠하오. 절대 대통령의 꼼수에 넘어갈 수는 없어요."

1952년 1월 18일, 대통령 직선제를 골자로 한 정부 개헌안은 국회 표결 결과 찬성은 겨우 19표, 반대 143표로 부결되었다. 그러나 이승만은 물러서지 않았다. 다시 5월에 직선제 개헌안을 국회에 제출했다. 동시에 어용 단체인 대한청년단을 동원해 '정부 개헌안 부결 반대 민중대회'를 열게 하고 민의를 배반한 국회의원 소환 운동도 벌였다. 경찰도 대한청년단에 적극적으로 협조했다.

이러한 상황에서 1952년 5월 24일, '금정산 공비 사건'●이 벌어졌다. 이후 25일 0시에 부산 일원과 전라도 전역에 비상계엄령이 선포되었고, 26일에는 40여 명의 국회의원을 태운 통근버스가 통째로 헌병대에 끌려갔다. 이들은 이승만을 반대하는 국회의원들이었다. 다음날 정부는 체포된 국회의원들이 국제공산당 비밀정치공작에 관련되었다고 발표했지만 이는 다 거짓말이다. 반대파를 탄압하기 위해 이승만과 경찰이 거짓으로 꾸며낸 것이다. 국회의원들은 잡혀갈까 봐 무서워서 국회에도, 집에도 못 가고 도망 다녀야 했다. 이것이 바로

금정산 공비 사건
부산 시외 금정산에서 공비가 미군 공병대를 습격해 여러 명을 죽인 사건이다. 당시 이승만 정권과 맞서다 구속됐던 서민호 의원은 "대구형무소 중형수를 빼내 공비로 위장시켜 금정산에 보내 쇼를 벌이고 이들을 사살했다"고 증언했다. 이승만은 기다렸다는 듯이 비상계엄을 선포했다.

내각책임제 개헌을 주동한 국회의원을 연행하고 있다.

'부산 정치파동'이다. 부산 정치파동은 국민적 지지를 통한 집권을
위해 대통령과 부통령의 직선제를 골자로 하는 발췌개헌을 통과시키
는 계기가 되었다.

6월 21일에는 대통령직선제와 내각책임제 개헌안을 절충한 개헌
안이 국회에 제출되었다. 이승만의 권력 욕심과 한국 전쟁에 깊숙이
개입하고 있는 미국의 뜻이 합쳐진 것이었다. 해방 후부터 이승만과
호흡을 맞춰 온 미국은 권력이 바뀌는 걸 원하지 않았다. 미국은 말
잘 듣는 권력자가 필요했고, 이승만은 왕조시대 왕과 같은 권력을
영원히 갖고 싶었다. 그러나 국회에는 잡혀가거나 도망간 국회의원
이 많아서 개헌안을 통과시킬 의원 수가 부족했다.

"도망간 의원을 다 잡아 오시오."

경찰은 숨어 있는 국회의원을 잡아 왔다. 그래도 개헌안 통과에 필요한 정족수가 채워지지 않자 '국제공산당 자금 사건'에 관련되었다는 혐의를 씌워 잡아 가둔 국회의원을 석방해 표결에 참석하게 했다. 개헌안에 찬성하도록 윽박지른 것은 물론이다.

7월 4일이 되자 겨우 개헌안 통과에 필요한 의원을 강제로 끌고 와 국회가 열렸고, 166명 중 찬성 163명, 반대 3명으로 개헌안이 통과되었다. 이때 투표 방식은 '기립표결'인데 일어나면 찬성이고 앉아 있으면 반대다. 자기 뜻과 달리 권력이 무서워서 찬성한다고 쭈뼛거리며 일어났을 국회의원들이 참 한심하고 비겁하다.

국제공산당 자금 사건

한인사회당이 국제공산당(코민테른)에게 받은 운동자금을 이르쿠츠크의 전러한인공산당이 탈취해 일어난 1차 자금 사건과 한형권, 김립이 국제공산당에서 받은 자금을 사회주의 운동가들에게 나눠 주기 위해 유용한 2차 자금 사건이 있다. 1차 자금 사건은 사회주의 운동 세력에 속하는 이르쿠츠크파와 상해파의 내부 투쟁, 2차 자금 사건은 대한민국 임시정부 안에서 한인사회당의 사회주의 노선과 민족주의 노선의 분열을 불렀다. 특히 2차 자금 사건으로 사회주의 세력들이 대거 임정을 떠났다.

사사오입은 무엇일까
→ 희한한 논리와 억지

정부는 번갯불에 콩 볶아먹듯 1952년 8월 5일 직선제 정·부통령 선거를 치러 이승만을 2대 대통령으로 선출했다. 경찰을 비롯한 공무원은 물론이고 대한청년단 등 어용 단체들이 공포 분위기를 조성해 국민을 윽박지르면서 선거에 개입한 결과였다. 야당 국회의원들은 언제 잡혀갈지 몰라 숨죽이고 있을 뿐이었다.

이때 〈헌법〉은 대통령을 두 번만 할 수 있도록 정해놓았다. 이승만은 1948년 국회에서 뽑은 1대 대통령이 되었고, 국회와 사이가 나빠지자 대통령직선제로 〈헌법〉을 바꿔 1952년 2대 대통령이 되었으므로 1956년에 치러질 3대 대통령 선거에는 나갈 수 없었다. 그러나 이승만의 생각은 달랐다. 1954년 5월 20일에 치른 제3대 국회의원 선거부터는 '정당 공천제'가 도입되었다. 정당 공천제란 국회의원 후보자를 정당에서 추천하는 제도다. 이승만은 자유당 소속이다.

"초대 대통령에 한해서는 대통령을 계속할 수 있도록 헌법개정안을 내시오. 그리고 우리 자유당은 이 헌법개정안에 찬성하는 사람만 공천하시오. 친일파라고 해도 헌법개정안에 찬성하고 우리 대한민국에서 일을 잘하면 애국자요."

한 나라의 대통령이라면 이렇게 말할 수 없다. 오로지 자신의 영구집권에만 혈안이 된 나쁜 대통령이다. 그러나 투표 결과는 이승만이 원하는 대로 되었다.

당선자는 총 203명이었는데, 그중 절반 이상인 114명이 자유당 후보였다. 전쟁을 겪고 몹시 고단해진 국민은 경찰이나 공무원, 통반장이 시키는 대로 자유당 후보를 찍은 것이다. 말을 안 들으면 '빨갱이'라고 몰아붙였기 때문이다.

직선제 개헌으로 겨우 대통령이 된 이승만은 〈헌법〉 개정 당시 대통령에 한해서는 중임 제한 규정을 적용하지 않는다는 내용을 담은 '헌법개정안'을 제출했다. 한마디로 종신 대통령이 되겠다는 생각을 숨김없이 밝힌 것이다. 이때 개헌안에 서명한 국회의원은 자유당 의원 114명을 포함해 135명이었다. 무소속 의원 21명을 끌어들인 결과였다.

1954년 11월 27일, 드디어 개헌안을 표결에 부쳤다. 결과는 재적의원 203명 중 찬성 135표, 반대 60표, 기권 1표, 결석 1표로 개헌안은 부결되었다. 개헌 정족수는 재적의원의 3분의 2인 136표이기 때

사사오입 개헌안이 통과되자 민주당 의원 이철승이 단상에 올라 국회부의장 최순주의 멱살을 잡았다. 그러자 깡패들이 난입해 야당 국회의원들을 위협했고, 회의를 진행할 수 없는 상황에 이르렀다.

문이다. 사회를 본 자유당 소속 최순주 국회부의장은 의사봉을 두드렸다.

"개헌안은 한 표 차로 부결되었음을 선언합니다."

그러나 자유당 의원들은 개헌안이 가결되었다고 주장했다. 이승만과 자유당이 서울대 수학과 최윤식 교수를 동원해 희한한 논리를 개발한 것이다.

"재적의원 203명의 3분의 2는 135.333…인데 사사오입의 수학적 원리에 따라 소수점 이하를 버리면 가장 근사치 정수인 135명은 가결 정족수로 의심할 수 없습니다."
"11월 27일 부결이라고 선포한 것은 계산 착오에 의한 것입니다. 그러므로 개헌안을 가결된 것으로 바로잡습니다."

월요일인 11월 29일 최순주 국회부의장은 자신의 부결 선언을 번복했다. 의사봉이 엿장수 가위질도 아닌데 참으로 어처구니없는 일이다. 이 사건으로 국민은 늘 민심을 대변한다고 주장하던 이승만에게 차갑게 등을 돌렸다.

2년 뒤인 1956년, 각 정당은 3대 대통령 선거를 준비했다. 자유당도 3월 5일 대통령 후보 이승만, 부통령 후보 이기붕을 추대했다. 그런데 웬일로 이승만 대통령은 대통령 출마에 시큰둥했다.

"당원동지 여러분. 나는 이번 대통령 선거에 출마하지 않기로 작정했소이다."

그러자 전국 각지에서 이승만의 출마를 원한다는 관제 데모가 불길처럼 일어났다. 공무원이 강제로 동원한 데모였다. '우마차조합'이란 단체는 우마차 800대를 동원해 서울 거리를 누볐는데 소와 말이 싼 똥으로 서울 시내는 '똥 바다'가 되었다.

자유당의 선거 홍보 차량과 선거 포스터

"소와 말까지도 이승만 대통령 각하 출마를 원한다!"

"국민 여러분이 그토록 원한다고 하니 민의에 양보해 대통령 선거에 출마하기로 했소이다."

스스로 짠 판에 힘입어 이승만은 3월 23일에 담화를 발표했다. 이것은 이승만의 정략이었다. 안 하겠다고 물러섰다가 국민이 원해 할 수 없이 나서게 됐다는 강제 동원 '민의정치'다. '민의'는 '백성의 뜻'을 가리키는 한자다.

1956년 5월 15일에 치러진 3대 대통령 선거에서 민주당은 "못 살겠다 갈아보자!"라는 구호로 국민에게 큰 박수를 받았다. 이에 맞선 자유당은 "갈아봤자 소용없다!", "구관이 명관이다!"라는 구호로 맞섰다.

이 선거에서 자유당의 부정 선거 운동은 여전했고 야당은 분열했다. 게다가 민주당 대통령 후보 신익희가 선거 운동 중에 호남선 열차에서 갑자기 사망했다. 그렇게 81세의 이승만은 3대 대통령이 되었다. 민주당 장면 후보가 부통령에 당선되었지만, 자유당 정권에서 야당 부통령은 형식적으로 자리만 지킬 뿐이었다.

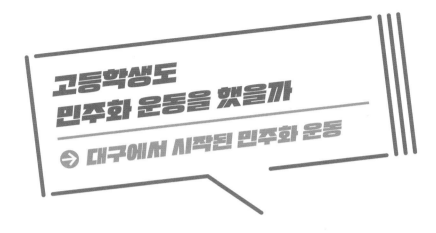

고등학생도 민주화 운동을 했을까
→ 대구에서 시작된 민주화 운동

사사오입 개헌으로 이승만은 선거에서 이기기만 하면 영구집권이 가능해졌다. 이승만에게 남은 것은 제4대 정·부통령 선거뿐이었다. 1960년 3월 15일은 제4대 정·부통령 선거를 치르는 날이다. 여당인 자유당은 이승만을 대통령 후보로, 이기붕을 부통령 후보로 내세웠다. 야당인 민주당은 조병옥을 대통령 후보로, 장면을 부통령 후보로 선출했다. 제주 4·3 사건 때 미군정 경무부장이자 민간인 학살 배후 인물이던 그 조병옥이다. 그는 한국 전쟁 끝난 뒤 이승만과 결별하고 야당이 되었다. 민주당 대통령 후보 조병옥은 2월 15일 미국에서 신병을 치료받다가 사망하고 말았다. 민주당은 1956년 제3대 대통령 후보 신익희에 이어 또 대통령 후보를 잃었다.

제4대 대통령 선거를 보름 앞둔 2월 28일은 일요일이다. 이날은 대통령 후보 없는 민주당 부통령 후보 장면의 대구 유세가 계획된 날이다. 이승만 정권은 제일모직, 대한방직 등 대구에 있는 큰 공장 노동자들을 출근시켜 정상적으로 근무하도록 압박했다. 노동자들이 야당 집회에 참석하지 못하게 한 비열한 짓이다. 경찰은 대구 시내 고등학교 교장 선생님도 모두 불러 모았다.

> "공부해야 할 학생들이 빨갱이들의 선동에 휘둘릴까 봐 걱정입니다. 28일에 전원 등교시켜 학생들이 거리를 배회하지 않도록 교장선생님들께서 협조해 주시기 바랍니다."

말이 협조지 명령이나 다름없는 위협이었다. 정권의 지시를 충실히 따라 경북고등학교는 3월 3일에 치르기로 한 학기말 시험을 일요일에 앞당겨서 치르기로 했고, 대구고등학교는 그날 전교생이 토끼를 사냥하기로 했다. 경북사대부속고등학교는 임시수업을 결정했고, 대구상업고등학교는 졸업생 환송회를, 대구여자고등학교는 무용 발표회를 한다는 명목으로 학생들에게 일요일 정상 등교를 지시했다.

그러나 학생들은 이승만 정권의 저의를 금세 눈치챘다. 그래서 경북고, 대구고, 경북사대부고 학도호국단 간부 10명이 몰래 모여 일요일 등교에 항의해 시위하기로 결의했다. 학도호국단은 지금의 학생회와 같은 학생 자치 조직이다. 그러나 학도호국단은 사상통일과 단체훈련에 적합한 군대식 조직이고, 학생회는 학생 자치활동에 중점을 둔 조직이라는 점이 다르다.

학도호국단

학도호국단은 1949년에 생겨 1960년까지 유지됐고, 1975년 박정희가 다시 만들어 1986년에야 해체됐다. 고등학생, 대학생은 모두 학도호국단원이 되어야 했고, 교련복을 입고 군사 교육을 받아야 했다.

2월 28일 일요일 낮 12시 50분, 경북고 학생 800여 명이 먼저 나서서 "학원 자유를 달라", "학원을 정치 도구화하지 말라" 등의 구호를 외치며 대구 중심가로 달려 나갔다. 대구고 학생 800여 명도 오후 2시부터 시위를 시작했고, 경북사대부고 학생들은 시위 계획을 눈치 챈 교사들이 학생들을 강당에 가두는 바람에 오후 늦게 시위에 합류했다.

대구 지역 고등학생의 시위는 전국에서 최초로 독재 정권에 맞선 학생 시위였다. 이를 '대구 2·28 민주 운동'이라고 부른다. 이에 자극을 받아 3월 1일에는 서울에서 "공명선거 실시하라!"라는 유인물이 '전국대학생투쟁위원회' 명의로 뿌려졌다. 3월 5일 서울, 3월 7일 부산, 3월 8일 대전, 3월 10일 수원 등 시위는 전국으로 들불처럼 번져 나갔다. 대구 지역 고등학생들이 자발적으로 외친 '학원의 자유'가 전국적으로 퍼져나가 이승만 정권을 상대로 '공명 선거'를 외치는 민주화 운동으로 발전했다. 어른도 하지 못한 민주주의 씨앗을 고등학생들이 뿌렸다. 참 장한 일이다.

학생들은 과거에도 이처럼 적극적으로 사회에 목소리를 내는 주체였다. 고등학생 민주화 시위는 1960년에 대구에서 처음 발생했지만, 학생들은 1919년 3·1 운동 때부터 독립운동에 적극적으로 참여했다. 대한제국 황제였다가 일본에 의해 쫓겨난 순종 장례식 날 일어난 6·10 만세 운동 때도 지금의 고등학생인 고등보통학교생들이 많이 참여했다. 일본 학생이 조선 여학생을 희롱한 것이 계기가 돼 일어난 1929년 광주 지역 학생 시위는 '광주 학생 독립운동'이라는 이름을 얻었을 만큼 전국적으로 퍼져나가 대표적 학생 항일 운동이 되었다. 학생의 목소리는 예나 지금이나 여전히 큰 힘을 가지고 있다는 것을 이러한 운동들이 증명하고 있다.

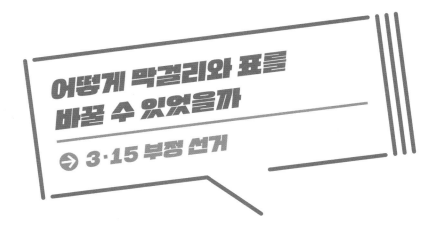

어떻게 막걸리와 표를
바꿀 수 있었을까
→ 3·15 부정 선거

이승만 정권과 자유당은 1960년 3월 15일에 치러질 제4대 정·부통령 선거를 부정 선거해서 치르기로 한 해 전부터 마음먹었다. 1959년 3월에 선거를 관리하는 주무장관인 내무부장관이 된 42세의 최인규는 취임사에서 이렇게 말했다.

> "공무원은 누구나 국가원수인 이승만 대통령 각하에게 충성을 다할 것이며, 차기 선거에서는 이 박사, 이 의장을 정·부통령으로 당선시키기 위해 선거 운동에 최선을 다하시오."

이승만은 1910년 미국 프린스턴대학교에서 한국인 최초로 박사학위를 받았고 그걸 몹시 자랑스러워했다. 그래서 사람들은 이승만 앞에서는 '대통령 각하', 없을 때는 '이 박사'라고도 불렀다.

공무원은 선거 운동을 할 수 없도록 법에 정해져 있지만, 최인규는 아랑곳하지 않았다. 그는 공무원에게 미리 부정 선거 방법도 정해서 가르쳤다. 총유권자의 40퍼센트에 해당하는 표를 자유당 표로 만들어 미리 투표함에 넣어둘 것, 3인조 또는 9인조로 공개 투표할 것, 야당 선거위원이나 참관인을 매수하거나 테러할 것, 투표함이나 표를 바꿔치기할 것 등이다. 중립을 지켜야 할 모든 공무원을 부정·불법 투표에 동원하겠다는 발상이다.

그뿐 아니라 최인규는 경찰, 도지사 및 시장, 구청장, 군수, 읍·면장 등에게 천문학적인 돈을 뿌렸다. 그 돈으로 공무원들이 유권자에게 밥과 술을 사고, 현금도 쥐여 주면서 노골적으로 이승만 대통령 후보와 이기붕 부통령 후보를 찍도록 선거 운동을 하라는 것이다. 공무원이 절대 해서는 안 되는 일을 정부가 나서서 시켰다.

경찰과 공무원은 물론이고 1958년에 발족해 131만 명의 회원을 거느린 '대한반공청년단'도 이승만 정권의 부정 선거에 혁혁한 공을 세웠다. 이들은 전국에서 야당 후보자를 테러했고, 야당을 지지하는 유권자를 협박했다. 경찰에 신고해도 경찰은 딴청 부리고 모르는 척했다. 선거 날에는 민주당 참관인을 투표소에서 내쫓고 대리 투표, 3인조 투표 등을 저질렀다.

"이게 무슨 민주주의고 선거야? 자유당 너희끼리 다 해 처먹어."

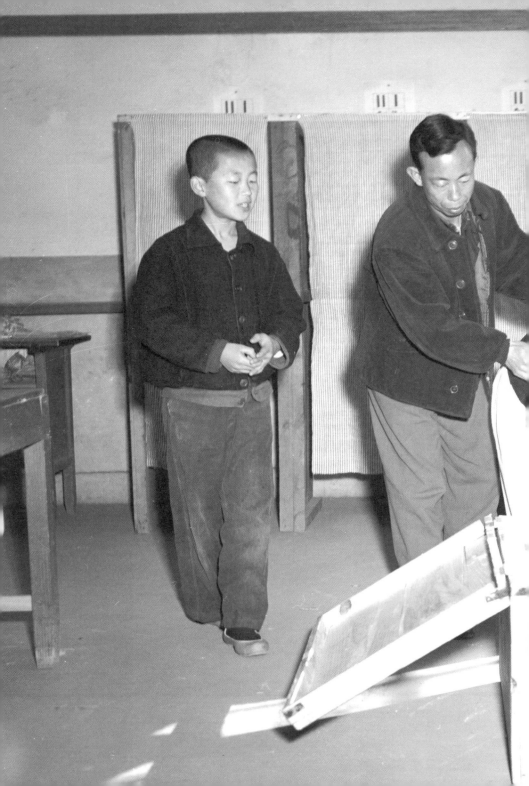

大統領記標所

大統領記標所

忠峴洞
二投票區

제4대 정·부통령 선거 투표 광경
자유당은 부정 선거를 위해 고무신을 주고
표를 얻는 '고무신표', 막걸리를 주고 얻은
'막걸리표'처럼 수단과 방법을 가리지 않았
다. 개표에서도 투표소를 정전시키고 어두
운 틈을 노려 미리 준비한 투표함으로 바꾸
는 '올빼미표'라는 부당한 방법을 사용했다.

민주당 전남도당과 경남도당은 일찌감치 참관인을 철수하고 선거를 포기했다. 민주당 중앙당도 투표가 끝나기 전인 4시 30분에 "이번 선거는 불법이고 무효"라는 성명을 발표했다. 이러한 발표가 있었음에도 선거는 계속되었다. 선거 결과 이승만 대통령 후보가 88.7퍼센트, 이기붕 부통령 후보가 79퍼센트의 표를 얻어 정·부통령에 당선되었다. 그러나 이것을 공정한 선거라고 믿는 국민은 아무도 없었다. 부정 선거, 폭력 선거이며 결과는 완전히 날조됐다는 것을 코흘리개도 알았다.

3월 15일의 부정 선거, 폭력 선거를 보다 못한 경남 마산 시민과 학생이 가장 먼저 시위를 벌였다. 민주당 마산시당도 한창 선거 중인 오전 10시 30분, 부정 선거를 폭로하며 선거 무효를 선언하고 거리로 나왔다. 오후 7시 30분에는 1만 명의 학생과 시민이 개표 중인 시청으로 몰려갔다. 경찰은 시위대를 향해 소총을 쏘고 최루탄을 터트렸다. 결국 경찰이 쏜 총에 8명이 죽었고 수백 명이 잡혀갔다. 행방불명된 사람도 있었다.

3월 16일에는 서울 안국동 민주당사 앞에서 고등학생 500여 명이 "독재 정치 배격한다!" "마산 동포 구출하자!"라며 시위를 벌였고, 청주공업고등학교 학생 300여 명도 거리로 뛰쳐나왔다. 3월 17일에는 경남 진해의 진해고등학교 학생 300여 명이, 3월 24일에는 부산고등학교 학생 800여 명이, 3월 25일에는 부산 동성고등학교 학생 250여 명이 시위를 벌였다. 고등학생 시위는 이렇게 전국적으로 퍼져나갔다.

김주열의 죽음으로 어떤 일이 일어났을까

→ 혁명의 불씨가 되다

"앗, 저게 뭡니까?"

1960년 4월 11일 오전 11시 30분, 마산항 중앙부두 초소에서 근무 중이던 군인이 바다에 떠 있는 시신 한 구를 발견했다. 군인은 즉시 상부에 보고했고, 부두에 있던 다른 어부는 파출소에 달려가 신고했다. 바다에 시신이 떠올랐다는 소문은 삽시간에 퍼졌고, 30분 뒤 마산경찰서 수사계장 고인준 경감, 마산지청 갈영기 검사가 중앙부두에 도착했다.《부산일보》마산 주재기자 허종도 달려와 바다 위에 뜬 시신 사진을 찍었다. 부둣가에 마산 시민이 구름처럼 몰려왔다. 마침 바다에 나갔던 거룻배 한 척이 시체가 뜬 쪽으로 다가갔다. 어부는 갈고랑이로 조심스럽게 시체를 건졌다. 시체가 부두 위로 올라오자 부두는 발칵 뒤집혔다. 시신의 오른쪽 눈에는 뭉툭한 자루 같은 게 박혀있었다.

"눈에 박힌 저게 뭐야?"
"최루탄이야. 경찰 놈들이 시민을 향해 쏜 거라고."
"남원에서 왔다는 김주열 학생인가 봐."

김주열의 소식은 순식간에 마산 시내 전역으로 전해졌다. 김주열은 전라북도 남원 출신으로 마산상업고등학교 입학시험을 치르고 합격 소식을 기다리던 학생이다. 3월 14일이 합격자 발표일인데 3월 15일에 정·부통령 선거 치르는 것 때문에 발표일이 3월 16일로 연기되었다. 김주열은 3월 15일 부정 선거 규탄 시위에 참여했다가 행방불명됐다. 선거 다음 날인 3월 16일에 마산상업고등학교는 김주열을 성적우수 장학생으로 발표했지만, 김주열은 어디에서도 나타나지 않았다.

이 소식을 듣고 남원에서 달려온 김주열 어머니는 마산 시내를 이 잡듯 뒤지면서 아들을 찾아다녔다. 그래서 마산 사람이라면 김주열을 모르는 사람이 없었다. 김주열 어머니는 거의 한 달간 아들을 찾아다니다가 시신이 발견된 4월 11일 오전 8시쯤 마산을 떠나 남원으로 돌아간 것으로 알려져 보는 일들을 더 안타깝게 했다.

김주열은 경찰이 쏜 최루탄을 직격으로 맞고 사망했다. 경찰이 이 사실을 감추기 위해 김주열 시신에 돌멩이를 매달아 바다에 던져버렸다는 사실이 밝혀졌다. 마산 시민들은 참혹하게 죽은 김주열의 시신이 안치된 도립병원으로 달려가 분노했다. 이날 저녁 6시쯤에는 약 3만 명이나 되는 시위대가 모였다. 당시 마산시 인구는 10만 명에 불과했다. 조금 과장하면 어린아이, 노약자, 경찰 등 공무원, 자유당 관계자 빼고 모두 몰려나온 것이다.

성난 시위대는 마산 시내 파출소, 경찰서, 시청, 자유당 허윤수 의원의 집, 허윤수 의원이 경영하는 무학주조 공장 등을 부수면서 자정까지 시위를 이어갔다. 다음 날도, 그다음 날도 마산 시민의 시위는 계속 이어졌다.

4월 12일 자 《부산일보》에 〈마산바다 속에서 총 맞은 시체 발견〉이라는 제목으로 허종 기자의 김주열 기사가 단독으로 대서특필됐다. 이 기사는 서울은 물론 전국으로 알려졌고, 세계 각국으로 타전되었다. 어린 학생 눈에 최루탄을 박아 넣은 경찰의 만행은 이승만 정권에게 돌이키기 어려운 치명타가 되었다. 궁지에 몰린 이승만 정권은 마산 시위 배후에 공산당이 있다고 둘러댔지만, 이를 믿는 국민은 없었다.

누가 시위를 주도했을까
→ 4·19 혁명

"마산 사건의 책임자를 즉각 처벌하라!"

전국적으로 산발적인 시위가 이어지는 가운데 4월 18일 고려대 학생 약 3000명이 시위에 나섰다. 스크럼을 짜고 시내로 나가려는 학생들을 경찰이 완강하게 막아섰고, 많은 학생이 경찰에게 잡혀갔다. 학생 약 1000명은 개별적으로 경찰의 저지선을 뚫고 태평로 국회의 사당 앞에 집결했다. 많은 시민과 고등학생, 중학생도 고려대 학생과 함께 했다.

"대통령이 부정 선거에 대해 해명하라!"
"연행한 학생을 당장 석방하라!"

처음에는 들은 척도 하지 않던 경찰은 모인 학생들이 많아지자 타협에 나섰다. 그들은 학생들에게 오후에 연행한 학생들을 풀어줄 테니 학교로 돌아가라는 조건을 내세웠다. 경찰의 말을 믿은 학생들은 학교까지 평화 행진을 하겠다고 약속했다. 고려대 학생들은 안암동에 있는 학교로 돌아가기 위해 을지로를 지나 종로4가로 향했다. 오후 7시 20분, 학생 대열이 천일백화점을 막 지날 때 갑자기 쇠사슬, 곡괭이 등을 든 깡패들이 달려들어 학생들을 마구 폭행했다. 순식간에 선두에 있던 50여 명의 학생과 취재하던 기자가 피 흘리며 쓰러졌다. 하지만 인원수가 훨씬 많은 학생이 대항하자 깡패들은 뒷골목으로 달아났다.

학생을 덮친 이들은 '대한반공청년단', '화랑동지회'라는 허울 좋은 이름을 내건 정치깡패다. 당시 정치깡패들은 이승만의 최측근인 경무대 경찰서장(지금의 대통령 경호실장) 곽영주를 믿고 날뛰었다. 곽영주가 정치깡패들의 뒤를 돌봐주었기 때문이다. 정치깡패 두목인 이정재와 유지광은 곽영주와 함께 경기도 이천 출신이어서 '이천 삼인방'으로 불리며 가깝게 지냈다.

"곽영주가 시킨 일이야."
"곽영주가 대통령 최측근이니 대통령 뜻이나 다름없지."

4월 19일 새벽에 배달된 조간신문에는 깡패들이 학생 대열을 습격

경찰의 저지선을 뚫으려는 고려대 학생들

훗날 문화재청(현 국가유산청)은 2020년 4·19 혁명 60주년을 맞이해 '4·19 혁명 부상
자 명단(고려대학교 4·18 학생 의거)'을 공개했다. 이 문서에는 당시 정치깡패의 습격을
받은 상황이 자세히 드러나 있다. "곤봉 엇개(어깨) 맞다" 등의 구체적인 표현이 기재
되어 있다. 명단은 민주화 문화유산으로는 최초로 국가등록문화유산으로 지정되었다.

하는 사진과 기사가 대문짝만하게 실렸다. 신문을 본 학생은 물론이고 시민들도 분노했다. 사실 서울 시내 다른 대학교 학생들은 4월 21일에 정·부통령 부정 선거를 규탄하는 대대적인 시위를 벌이기로 계획했다. 서울대, 연세대, 경희대, 동국대 등의 학생들이 서로 연락해 21일 같은 시간에 데모를 시작하기로 약속했다. 그러나 4월 19일 새벽에 신문을 본 시민과 학생들은 더 참을 수 없었다. 동숭동 서울대학교 문리대 학생들이 게시판에 격문을 붙였고, 법대, 미대, 의대, 약대, 치대 등 각 단과 게시판에도 똑같은 격문이 붙었다. 서울대 학생들이 격문을 읽으며 결의를 다지는 사이 학교 밖에서 함성이 들렸다.

"까까머리들이 벌써 나왔네."

8시 40분, 신설동 대광고등학교 학생 1000여 명이 가장 먼저 교문을 박차고 나왔다. 당시 남자 중학생이나 남자 고등학생은 학교에 따라 머리를 박박 깎거나 스포츠형 머리로 깎는 것이 규정이기 때문에 '까까머리' 또는 '까까중'이라고 놀림당하기도 했다. 여학생들은 모두 단발머리였다. 대광고 학생들은 종로 쪽으로 진출하려다가 경찰 저지선에 막혀 동숭동 서울대 쪽으로 몰려온 것이다.

"우리도 어서 나갑시다. 대구와 마산에서도 고등학생들이 먼저 나섰다더니."

고등학생에게 선수를 뺏긴 서울대 학생들은 9시 20분에 문리대를 선두로 법대, 미대, 수의대 등 3000여 명이 교문을 나와 태평로 국회의사당을 향해 달렸다. 혜화동 동성고등학교 학생 1000여 명도 합류했다. 이어 서울사대 학생 1000여 명, 서울상대 학생 2000여 명, 고려대 학생 4000여 명, 건국대 학생 2000여 명, 동국대 학생 2000여 명, 성균관대 학생 3000여 명도 달려왔다.

"이승만 물러가라!"
"독재 정권 물러가라!"

흑석동의 중앙대 학생 4000여 명도 한강 인도교를 건너 태평로로 향했다. 연세대, 홍익대, 이화여대, 경기대, 외국어대, 단국대, 국민대, 서라벌예술대학 학생들도 뛰쳐나왔다. 서울 강문고, 경기고, 경성전기공고, 양정고, 중앙고, 흥국고, 휘문고 학생들도 시위대에 합류했다.

태평로와 세종로 사거리, 광화문 중앙청 앞에까지 10만 명이 넘는 학생과 시민이 몰려들었다. 1960년 당시 서울 고등학생 수는 7만 9000여 명, 대학생 수는 6만 4000여 명이었다. 서울에 사는 학생 대부분이 시위에 참여했다고 해도 과언이 아니다. 일부 시민이 합류했다고 해도 이날 시위의 주력은 고등학생과 대학생이었다.

4·19 혁명 부상자 시위 현장

4·19 혁명으로 서울 시내는 완전히 무정부상
태에 빠졌다. 자유당사는 시위로 파괴되었고
시민들은 경찰들과 총격전까지 벌였다.

이승만은 어떻게 쫓겨났을까
→ 하와이로 쫓겨난 대통령

4월 19일 오후 1시 40분, 시위대 선두가 저지용으로 둔 소방차에 올라타 경무대로 향했다. 1000여 명의 시위대가 소방차 뒤에 바싹 붙어 따라갔다. 그러자 경무대 정문 앞 언덕길에 저지선을 치고 있던 경찰이 시위대를 향해 일제히 총을 쏘았다. 시위대는 물러났다가 다시 전진하는 등 오후 5시까지 경무대 앞에서 경찰과 대치했다. 이날 경찰의 총탄에 맞아 21명이 사망했고 172명이 부상을 당했다.

오후 5시부터는 소총, 기관총 등으로 무장한 300여 명의 경찰이 장갑차를 앞세우고 일제 사격을 퍼부으며 시위대를 몰아붙였다. 이때 태평로 아카데미 극장 앞에서 시위 구경을 하던 수송초등학교 6학년 전한승 군이 총탄에 맞아 숨졌다. 이날 경찰의 총탄에 숨진 사람은 100명이 넘었다. 전한승 군과 같은 학교 다니는 어린이들은 '우리 부모 형제에게 총부리를 대지 말라'는 플래카드를 치켜들고 시위

대열에 합류했다.

이날 밤 10시에는 중랑교 쪽에 집결해 있던 계엄군이 탱크를 앞세우고 시내로 들어왔다. 양평에서 출동 명령받고 급히 달려온 15사단이다. 군인들은 경찰과 다르게 중립적 태도를 지켰고, 시위대에게 총을 쏘지 않았다. 고려대 부근에서는 일부 시위대가 경찰과 총격전을 벌이다가 희생자 시체 1구를 둘러메고 새벽 1시에 학교 안으로 들어갔다. 계엄군은 고려대를 에워쌌다. 계엄군이 마음만 먹으면 시위대를 일망타진할 기회였다.

그러나 계엄군은 평화적인 해결을 원했고 고려대로 쫓겨 간 시위대는 죽기 살기로 싸울 생각이었다. 15사단장 조재미 준장은 비무장으로 부하 두 명만 데리고 시체가 안치된 강당에 찾아가 조의를 표했다. 시위대에게 죽을 수도 있고 인질이 될 수도 있는 상황이었지만 아랑곳하지 않았다. 학생들은 놀라고 감동해서 경찰에게서 빼앗은 무기를 자진 반납하고 해산했다. 같은 날 광주 금남로 일대에서도 1만 명의 시위대가 경찰과 대치하다가 경찰 발포로 6명이 사망하고 70여 명이 부상을 입었다. 부산에서도 경찰 발포로 13명이 사망하고 60여 명이 부상했다.

이승만의 거수기 노릇만 하던 장관들은 어찌할 줄 모르고 쩔쩔매다가 일괄 사표를 제출했다. 3·15 부정 선거로 부통령에 당선된 이기붕은 당선 사퇴를 고려한다고 했다가 여론의 몰매를 맞았다. 이승만은 자유당 총재직을 사퇴하겠다며 정당에 초연하겠다고 뜬구름 잡

피의 화요일

4월 19일 하루 동안 일어난 시위로 서울에서만 100여 명, 부산에서 19명, 광주에서 8명 등 전국적으로 186명이 사망했고, 6026명이 부상을 당했다. 서울 시내는 완전히 무정부 상태에 빠졌다. 그래서 이날을 '피의 화요일'이라 부른다.

는 소리를 해 비난을 받았다.

4월 25일이 되자 서울대 교수회관에 각 대학교수 258명이 모여 대통령·국회의원·대법관 사퇴를 촉구하고 정·부통령 선거 재실시, 부정 선거 원흉 처단 등을 담은 시국선언문을 채택했다. 6시쯤에는 교수들이 '학생의 피에 보답하라!'라는 플래카드를 높이 들고 거리로 나서는 이색적인 풍경이 펼쳐졌다. 학생들도 교수 행렬 뒤를 따랐고 시민도 합세해 광화문 국회의사당 앞에 도착했을 때는 군중 약 5만 명이 함께 했다.

4월 26일에는 군중들이 파고다 공원에 있는 이승만 동상을 무너뜨려 끌고 다녔다. 이승만은 더 버틸 수 없었다. 군대는 철저하게 중립을 지켰고, 미국도 더는 이승만을 지지하지 않았다. 4월 25일에 임명한 국방장관 김정열, 외무장관 허정도 사임을 권했다. 결국 이승만은 비서에게 받아쓰게 했다.

"국민이 원한다면 대통령직을 사임하겠다."

밤 10시 송요찬 계엄사령관이 학생과 시민대표를 경무대에 데려왔고, 비서는 자기가 받아 쓴 사임서를 보여 주었다. 10시 20분 계엄사령부는 '이승만 대통령 하야'를 발표했다. 곧바로 10시 30분에는 라디오 뉴스로 이승만 하야가 전해졌다. 결국 이승만은 5월 29일에 김포공항에서 비행기를 타고 하와이로 갔고 5년 뒤 90세 나이로 사망

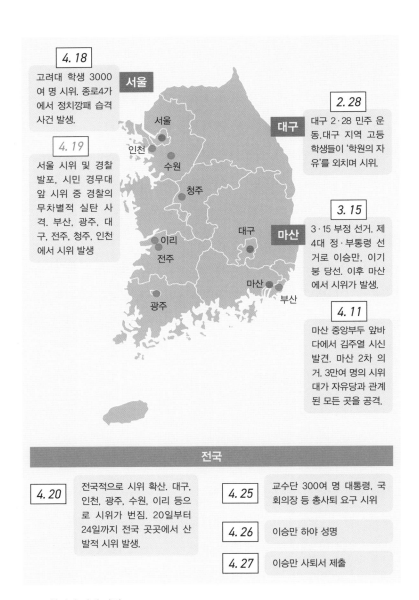

4. 18
고려대 학생 3000여 명 시위. 종로4가에서 정치깡패 습격 사건 발생.

서울

4. 19
서울 시위 및 경찰 발포. 시민 경무대 앞 시위 중 경찰의 무차별적 실탄 사격. 부산, 광주, 대구, 전주, 청주, 인천에서 시위 발생

서울
인천
수원
청주
이리
전주
광주
대구
마산
부산

대구

2. 28
대구 2·28 민주 운동.대구 지역 고등학생들이 '학원의 자유'를 외치며 시위.

마산

3. 15
3·15 부정 선거. 제4대 정·부통령 선거로 이승만, 이기붕 당선. 이후 마산에서 시위가 발생.

4. 11
마산 중앙부두 앞바다에서 김주열 시신 발견. 마산 2차 의거. 3만여 명의 시위대가 자유당과 관계된 모든 곳을 공격.

전국

4. 20
전국적으로 시위 확산. 대구, 인천, 광주, 수원, 이리 등으로 시위가 번짐. 20일부터 24일까지 전국 곳곳에서 산발적 시위 발생.

4. 25 교수단 300여 명 대통령, 국회의장 등 총사퇴 요구 시위

4. 26 이승만 하야 성명

4. 27 이승만 사퇴서 제출

4·19 혁명의 전개 과정

했다.

　4·19 혁명은 2월 28일 대구지역 고등학생들이 시작해 3·15 마산의거를 거쳐 서울에서 대학생이 응답했고 시민과 교수단이 합류해 완성됐다. 그러나 야당을 비롯한 정치권은 뒷짐 지고 구경만 하다가

하야 성명을 발표하고 이화장으로 돌아가는 이승만

거저 정권을 인수했다. 정치인들은 아무런 준비도 돼 있지 않았다. 그 못난 정치인들 때문에 민족의 비극은 다시 싹텄다.

쥐도 못 먹은 민주당

4·19 혁명으로 이승만을 쫓아낸 학생과 시민들은 대한민국의 미래를 정치인에게 맡기고 생업으로 돌아갔다. 이승만의 사당이나 마찬가지였던 자유당은 붕괴됐고, 이후 치러진 제5대 총선에서는 민주당이 74퍼센트 득표율로 압승했다. 이 결과는 민주당이 잘해서 얻은 것이 아니고 4·19 혁명의 여파로 저절로 얻은 승리였다. 그러나 민주당은 선거 전부터 구파와 신파 대립이 극에 달해 신파 공천 지역에 구파가, 구파 공천 지역에는 신파가 무소속으로 대항 후보를 내는 등 부끄러운 모습들을 국민에게 보였다.

민주당 구파는 호남과 기호 지방 중심의 토착 지주 등 유산 계급 출신 정치인 위주로 일제강점기부터 민족 지도자를 자처해 온 사람들이다. 신파는 비주류 소장파 그룹으로 흥사단 계열과 미군정과 이승만 정권에 협력하다가 야권으로 나온 세력이다. 이때는 의원내각제여서 명예직인 대통령은 구파의 윤보선이, 실질적인 행정부 수반인 국무총리에는 신파의 장면이 인준되었다.

장면이 신파 위주로 내각을 구성하자 구파가 반발해 구파동지회를 결성해 신당 준비를 하고 신파는 '민주당'으로 교섭 단체를 구성했다. 구파는 분당파와 협상파로 갈렸고 민주당이 된 신파는 요직을 놓고 노장파, 소장파, 합작파로 나뉘어 싸웠다.

정치군인의 원조라 할 박정희가 이걸 가만히 보고 있을 리 없었다. 자리다툼만 벌이던 장면 정권 10개월 만인 1961년 5월 16일, '은인자중'하던 박정희가 나라를 구하겠다고 쿠데타를 일으켰고 이후 18년 간 국민은 이승만 정권에 못지않은 독재에 시달려야 했다.

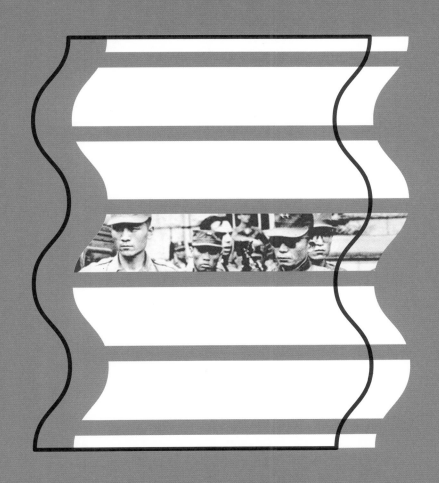

5·18 민주화 운동

쿠데타는
어떻게 일어난 것일까
→ 5·16 군사 쿠데타

4·19 혁명으로 이승만 대통령은 쫓겨났고, 민주당 소속 부통령 장면도 사태의 책임을 지고 사퇴했다. 그래서 정부 서열 3위 허정 외무장관이 대통령 권한대행의 역할을 맡아 '과도 정부'●를 이끌었다. 허정은 유능한 공무원이지만 개혁가는 아니어서 4·19 혁명으로 분출된 민심을 읽지 못해 몇 달간 허송세월했다. 허정 권한대행은 3·15 부정선거로 인해 촉발된 정치 일정을 진행해야 했으나, 개헌을 이유로 40일 이내에 치러야 하는 재선거 등을 보류했다.

1960년 6월 15일에 내각제 개헌안이 국회에서 통과됐고, 7월 29일 총선에서 민주당이 압승해 형식적 국가원수 대통령으로 윤보선을 선

과도 정부

한 정치 체제에서 다른 정치 체제로 넘어가는 과정에서 임시로 구성된 정부를 뜻한다.

**3·15 부정 선거 책임자
최인규 전 내무부장관 언도공판**

1961년 12월 부정선거 관련자
에 대한 혁명재판소 공판에서 최인
규 등 인물에게 사형과 무기징역형
이 선고되었다. 이 재판을 '혁명재
판'이라고 부르는데, 5·16 군사 구
데타의 정당성을 부여하기 위해 실
시된 재판으로 이승만의 비호 하에
온갖 패악을 저지르던 무리들을 숙
청한 것으로 유명하다.

출했다. 내각제 아래에서 실질적 권력을 가진 국무총리에는 장면이 선출됐다. 그러나 장면 정부도 허정 정부와 마찬가지로 4·19 혁명 민심을 제대로 반영하는 정책을 내놓지 못했다.

대통령을 끌어내린 국민이 가장 원하는 것은 부정 선거 원흉 처단과 부정축재자[*] 처벌이었다. 그러나 자유당은 물론이고 민주당도 이에 별 관심을 보이지 않아 국민이 분노했다. 어부지리로 정권을 잡은 장면 정부는 무능했다. 민주당 내 신파와 구파의 갈등으로 무능함은 더욱 돋보였다.

이승만은 군부와 함께 한국 전쟁을 겪으면서 군부를 통제할 능력을 깨우쳤다. 군 수뇌부들이 서로 견제하도록 하면서 '충성 경쟁'을 하게 해 어느 쪽도 강한 힘을 갖지 못하게 했다. 그러나 장면 정부는 군부를 알지도, 다룰 줄도 몰랐다. 한국군에 대한 작전권을 미국이 쥐고 있으므로 미국이 자신들을 지켜줄 것이라고 믿었다. 국민은 무능한 정부 아래에서나마 사상과 결사의 자유를 잠시 누렸다. 그러나 잠시뿐이었다.

한국 전쟁 발발 이전에 한국군은 10만 명에 불과했다. 그러나 1960년에는 60만 명으로 규모가 커졌다. 몸집이 커지니까 승진이 늦어졌고 이에 불만을 품은 장교들이 생겼다. 대개는 투덜거리고 말았

부정축재자

옳지 않은 수단과 방법으로 재산을 모은 사람을 뜻한다.

는데 육군사관학교 8기생 김종필, 김형욱 등은 부패한 장성을 군에서 추방하자는 정군 운동을 벌였다. 그러나 자기들 뜻대로 되지 않자 쿠데타를 모의했다. 여기서 박정희가 등장한다. 당시 육군본부 작전참모부 부장직을 수행했던 박정희는 주변에 자신이 군사 쿠데타를 일으키겠다고 떠들고 다녔다. 오죽하면 육군본부에서 그를 좌천 또는 예편하려고 했다.

이미 1952년 부산 정치파동 때부터 호시탐탐 쿠데타 기회를 엿봤던 박정희에게 조카사위 김종필은 든든한 동지가 되었다. 이들은 1961년 4월 19일에 대규모로 4·19 혁명 1주년 기념 시위가 일어날 것을 예상하고 그날을 거사일로 잡았다.

"데모하는 놈들 싹 잡아넣고 헌정 질서와 국가 발전을 위해 할 수 없이 일어났다고 선전하면 됩니다. 국가 위기다, 김일성이 또 쳐들어온다고 말하면 됩니다."

그러나 기대와는 달리 별다른 시위가 없어 쿠데타 세력은 당황했다. 이때 군부 쿠데타설은 공공연하게 떠돌았다. 정부도 알고, 정부 배후 세력인 미국도 알았으며, 학생과 시민 단체도 박정희의 쿠데타 계획을 알고 있었다. 4·19 혁명 1주년 기념 시위가 열리지 않은 것도 쿠데타 세력에게 빌미를 주지 않기 위해서였다.

쿠데타 소문이 너무 많이 나서 박정희가 더 머뭇거리다가는 잡혀

군사 쿠데타를 일으킨 박정희 소장

박정희는 허정 정부에서 국방장관을 지낸 이종찬에게 그를 최고지도자로 모시고 군사 쿠
데타를 일으키겠다는 내용을 편지에 담아 보냈다. 하지만 이종찬은 불같이 화를 내면서도
편지 내용은 비밀로 지켜주겠다며 '군의 정치 불개입' 논리로 거절했다.

갈 게 뻔했다. 쿠데타 세력은 다시 1961년 5월 16일을 거사일로 잡
았다. 김포에 주둔한 해병대 제1여단 김윤근 여단장은 5월 15일 밤
11시에 긴급명령을 내렸다.

"내일 아침 적 공수부대에 대한 역습 훈련이 있으니 2연대 1대대에 탄약

을 지급하고 자정까지 연병
장에 집결하라!"

박정희의 혁명공약

　준장 김윤근 여단장은 독
자적으로 쿠데타를 궁리하
다가 박정희 소장의 쿠데타
모의 소식을 듣고 합류한
인물이다. 그만큼 그는 이번
쿠데타의 성공을 확신했다.
쿠데타군은 박정희를 필두
로 무장한 육사 출신 장교
250여 명, 사병 3500여 명으로 구성되어 있었다. 이들은 새벽에 김포
가도를 달려 한강 인도교에서 저지하는 헌병대와 총격전을 벌여 제
압하고 군부의 핵심인 육군본부를 장악하고 방송국, 중앙청, 국회의
사당을 차례로 점령했다.

　이날 새벽 4시 30분쯤 쿠데타군 지도자 박정희 소장이 남산 서울
중앙방송국에 들이닥쳤다. 텔레비전은 없던 시절이고 라디오 방송이
유일했다.

　"5시 정각에 이 혁명공약을 방송하시오."

친애하는 애국 동포 여러분!

은인자중하던 군부는 드디어 오늘 아침 미명을 기해 일제히 행동을 개시해서 국가의 행정, 입법, 사법의 3권을 완전히 장악하고 이어 군사혁명위원회를 조직했습니다.

군부가 궐기한 것은 부패하고 무능한 현 정권과 기성 정치인들에게 이 이상 더 국가와 민족의 운명을 맡겨 둘 수 없다고 단정하고 백척간두에서 방황하는 조국의 위기를 극복하기 위한 것입니다.

혁명공약은 반공체제 강화, 유엔 및 미국과 유대 공고, 부패와 구악 일소, 민생고 해결과 자주 경제 재건, 국방력 강화, 민정 이양 등을 약속했다. 그리고 정부를 대신할 '군사혁명위원회'를 조직하고 계엄령도 선포했다. 장면 정권 인수를 선언하고 국무위원을 모두 체포할 것이며 국회를 해산하고 정치 활동도 금지하겠다고 밝혔다. 혜화동 한 수녀원에 숨어 있던 장면 국무총리는 18일 중앙청에 나와 내각 총사퇴를 발표했다. 이때 박정희 나이는 마흔세 살이었다.

박정희는 누구일까
→ 다카기 마사오와 공산주의자

박정희의 쿠데타 소식이 알려지자 윤보선 대통령은 "올 것이 왔다"라고 탄식했고, 장면 국무총리는 수녀원으로 도망갔다. 쿠데타 세력은 대한민국의 60만 대군 중 영문을 모르는 사병까지 합쳐서 겨우 3500여 명이고 그중에 해병대 1개 대대만 서울로 진격해 왔다. 그마저도 헌병 수십 명이 한강 인도교에서 1시간 정도 쿠데타군과 맞선 게 전부였다.

박정희는 육군사관학교 생도들의 지지 행진을 요청했으나 교장 강영훈이 생도들의 행진을 막았다. 이때 서울대 학군단 장교였던 전두환 대위가 쿠데타 주도 세력에게 이 사실을 알려 강영훈은 구금됐고 전두환과 사관학교를 졸업한 장교 200여 명이 육사 생도 800명을 이끌고 서울 시내에서 쿠데타 지지 행진을 벌였다.

군부를 다룰 줄 몰랐던 무기력한 장면 정부는 소수 군인에게 정권

5·16 군사 쿠데타 지지 시가행진
5·16 군사 쿠데타 이후 전두환은 박정희의 총애를 받는 심복이 되었다.

을 내주고 물러났다. 박정희는 나라가 안정되면 군대로 돌아가겠다고 하면서도 민정 이양 계획을 몇 차례 연장해 말과 행동이 달랐다.

먼저 소수 정예 인원으로 쿠데타에 성공하고 정권을 거머쥔 박정희를 알아봐야 한다. 박정희는 1917년 경북 구미에서 4남 2녀 중 막내로 태어났다. 부모는 농민이다. 그는 1936년에 16세 김호남과 혼인해 딸 박재옥을 낳고 얼마 뒤 이혼했다. 이후 박정희는 1937년 대구사범학교를 졸업하고 문경공립소학교 교사가 되었다. 1938년에는 만주국 육군군관학교에 지원했으나 나이가 많아 떨어졌다.

그러자 박정희는 이듬해에 '한목숨 다 바쳐 충성함. 박정희'라는 혈서를 쓰고, "일본인으로서 수치스럽지 않을 만큼의 정신과 기백으로써 일사봉공一死奉公의 굳건한 결심입니다"라는 편지를 동봉해 만주국 육군군관학교에 보냈다. 이 혈서와 편지는《만주신문》에 크게 보도됐다. 혈서 덕분에 박정희는 합격했고, 1942년에 수석으로 졸업했다. 이때 박정희 이름은 창씨개명한 '다카기 마사오'였다.

박정희는 성적 우수한 졸업생에게 주는 혜택으로 바로 일본육군사관학교 본과에 편입해 1944년 졸업하고 일본군 소위로 만주국에서 근무했다. 1945년 중위로 진급했으나 일본 패망으로 미군 수송선을 타고 한국에 돌아와 곧바로 조선경비사관학교 단기 3개월 과정을 마치고 포병 소위로 남조선국방경비대에 들어갔다.

이 무렵 박정희가 가장 따르던 띠동갑 친형 박상희는 대구 시위에 참여했다가 경찰의 총격으로 사망했다. 형은 공산주의자였는데 그 영향으로 박정희도 남로당에 가입했고 군부 내 프락치로 활동했다. 박정희는 1948년 11월 좌익혐의로 검거됐으나 만주국 육군군관학교 선배들인 백선엽, 정일권, 김정렬 등의 도움으로 석방돼 군무원으로 일하다가 한국 전쟁이 일어나자 육군 포병 소령으로 군에 다시 복귀했다.

정리하자면 박정희는 일본에 충성을 바치겠다는 혈서까지 쓴 친일파였고, 공산주의자였다가 친일파 선배들의 도움으로 사면된 사람이다. 게다가 기회를 틈타 쿠데타에 성공해 정권을 잡고 경제개발이라는 명목으로 민주인사를 탄압하고, 북한과의 체제경쟁으로 온 나라를 병영국가로 만들었다.

정부를 장악한 박정희는 쿠데타 동지이자 조카사위 김종필을 책임자로 하는 '중앙정보부'*라는 권력 기구를 만들었다. 중앙정보부는 "남자를 여자로 만드는 일 외에는 모든 것을 할 수 있다"라고 스스로 말할 정도로 막강한 힘을 가졌고, 정치 사찰, 인권 유린, 민주화 운동 탄압, 사회 감시 등 독재의 첨병이 되어 무소불위의 권력을 휘둘렀다.

쿠데타 후에도 허수아비 대통령직을 유지하고 있던 윤보선은 1962년 3월 하야했고, 국가재건최고회의 의장 박정희 소장이 대통령 권한대행에 취임했다.

혁명공약에서 민정 이양을 약속한 박정희는 1963년 여름에 정권을 민간에 이양하고 물러나겠다고 발표했다. 사람들은 처음에 눈치채지 못했지만, 이 민정 이양 계획은 자신들을 위한 쇼였다. 박정희를 비롯한 쿠데타 주도 세력인 군인들이 제대한 후 민간인이 되어 대통령과 국회의원 등에 출마해 정권을 계속 잡겠다는 계획이다.

중앙정보부

중앙정보부는 국가정보원의 전신이고, 들어가면 나오기 힘들다는 '남산 벙커'로 악명 높았다. 특히 이러한 수사가 극에 달했던 김형욱 부장 시절에는 사회적 지위를 막론하고 무자비하게 고문했다. 중앙정보부의 공작으로 확인된 대표적인 사건으로는 '인민혁명당 사건', '김대중 납치 사건' 등이 있다.

박정희는 이승만과 달랐을까
→ 장기 집권의 욕심

쿠데타로 정권을 완전히 장악한 군인들은 자신들이 얼마나 정의로 운지 국민에게 보여 주기로 마음먹고 즉각 실행에 옮겼다. 이승만 과 자유당을 뒷배로 부정 선거에 앞장서고 학생 시위를 방해하며 국 민을 괴롭혔던 깡패 2000여 명을 체포한 것이다. 그중 이정재, 임화 수를 비롯한 죄질이 더 나쁜 200여 명의 깡패에게 "나는 깡패입니 다", "깡패 생활 청산하고 바른 생활하겠습니다" 같은 플래카드를 들 게 하고 서울 시내를 행진하게 했다. 재판을 통해 이정재, 임화수는 교수형에 처했고, 감옥에 보내지 않은 깡패와 불량배들은 제주도에 '5·16 도로'를 내는 등 국토개발 사업에 동원했다. 국민은 이런 조치 를 당연히 환영했다.

그러나 이승만 정부와 마찬가지로 극우 반공주의를 기치로 내건 쿠데타 세력은 통일 운동, 진보 운동을 탄압했고 부정 선거 원흉 처

시민들 앞에서 조리돌림당하는 이정재와 깡패들

박정희 정부는 혁명 재판이 끝나고 깡패들을 형량이 무거운 순으로 일렬로 세워 서울 곳곳을 돌아다니게 했다. 그래서 박정희는 깡패로부터 시달리던 서민들의 지지를 받게 되었다.

… 대 입니다

… 을 받겠읍니다

… 하고

… 받읍니다

단, 부정축재자 처리에는 관대했다. 〈반공법〉을 만들어 〈국가보안법〉
과 함께 학문·사상·양심의 자유를 핍박하고 정치·사회 활동의 자유
를 제약했다. 중앙정보부가 이런 일에 앞장섰다. 박정희가 극단적 반
공 정책을 편 것은 그 자신이 남로당 출신 공산주의자였기 때문이다.
자신은 이제 공산주의자가 아니라는 것을, 진보적 민족주의자들을
가혹하게 탄압해서 보여 주려는 것이다.

쿠데타 세력은 자신들이 민간인이 돼 정권을 이양받으려고 비밀리
에 민주공화당 조직에 착수했다. 거대정당을 만드는 데에는 돈이 필
요했고, 군인들에게는 큰돈이 없었다. 김종필이 이끄는 중앙정보부에
서 돈을 모을 방법을 생각해 냈다. 부정부패를 없애겠다면서 정권 초
창기부터 부정부패를 앞장서 저지른 이른바 '4대 의혹 사건'이다.

첫째는 유엔군을 위한 휴양 시설 워커힐호텔을 지을 때 군 장비와
인력을 동원해 공사자금을 빼돌린 '워커힐호텔 사건', 둘째는 주가를
조작해 거액을 챙기고 일반 투자자를 파멸시킨 '주가조작 사건', 셋
째는 자동차공업을 육성시킨다는 명목으로 일본 닛산 자동차를 불
법으로 들여와 높은 가격으로 팔아 엄청난 이익을 챙긴 '새나라 자동

국가보안법

〈국가보안법〉은 대한민국의 형사특별법 중 하나다. '1948년 여수·순천 10·19 사건'이 계기
가 되어 제헌 국회에서 반국가 단체의 활동을 규제하기 위해 만들어졌다. 모델은 일제강점
기에 일본 내 공산주의자 처벌을 위해 만들어진 〈치안유지법〉으로, 〈국가보안법〉은 〈치안유
지법〉의 주요 조항, 조문을 그대로 베낀 법이다.

차 사건', 넷째는 불법 도박 기계 '파친코' 밀수를 눈감아 주면서 이익을 챙긴 '파친코 사건'이다.

굴욕적인 한일 협정도 국민을 분노하게 했다. 일본으로부터 '독립 축하금' 명목으로 돈을 받은 것도 어이없는데, 이 돈을 강제 징용 등 피해를 입은 억울한 사람들에게 나눠 주지 않고 포항제철과 경부고속도로 건설에 사용했다. 미국의 요구에 따라 우리 국군 5만 명을 베트남 전쟁에 파병했는데 5000여 명이 목숨을 잃어 청년의 피를 팔아 외화벌이했다는 비난도 받았다. 이 사건들로 인해 군사 정권은 도덕성이 없으며, 군사 정권이 주장했던 '구악'에 빗대 '신악'이라는 비판도 받았다. 4대 의혹 사건으로 모은 불법 자금은 대부분 민주공화당 창당 및 정치 자금으로 사용되었다.

1967년 5월, 제6대 대통령 선거에서 박정희가 승리해 두 번째 대통령이 됐다. 대통령 선거로부터 한 달 뒤 제7대 국회의원 선거가 예정되어 있었다. 박정희는 이승만처럼 영구집권 욕심을 감추지 않았다.

"반드시 민주공화당이 개헌 정족수인 삼분의 이 이상을 차지해야 하오."

6월 국회의원 선거는 3·15 부정 선거에 버금가는 엉터리 부정 선거였다. 대학생과 야당이 부정 선거 규탄 시위에 나섰다. 그러나 박정희 정권은 뜬금없이 '동백림 간첩단 사건'을 발표했다. 유럽에서 활동하는 예술가, 교수, 유학생, 광부 등을 간첩단으로 묶고 이들이 북한에서 돈을 받고 간첩 활동을 했다는 것이다. 전쟁을 겪은 국민이 공산주의에 대해 치를 떠는 것을 이용한 안보 위기를 만드는 버릇은 이때부터 생겼다. 동백림은 베를린 동쪽을 가리키는 말로, 사회주의 국가 독일민주공화국(동독)의 수도였다. 자본주의 경제체제를 가진 독일연방공화국(서독)과 경쟁하는 분단국가였다가 1990년 통일해 한반도만 세계 유일 분단국가로 남았다.

민주공화당은 부정 선거로 얻은 표로 박정희가 대통령을 한 번 더 할 수 있는 '3선 개헌안'●을 통과시켰고, 대학생 시위를 막기 위해 전국 대학에 휴교령을 내렸다. 하지만 휴교 조치되었던 학교들이 개학하면서 다시 학생들의 시위가 시작되었다. 이러한 시위가 이어지는 가운데 대한민국의 노동 환경을 적나라하게 보여 준 사건이 발생했다. 바로 '전태일 분신자살 사건'이다.

당시 대한민국의 노동 환경은 최악이었다. 공장에서 12시간이 넘도록 장시간 노동하는 일은 허다했다. 〈근로기준법〉이 있었지만, 노

3선 개헌안

민주공화당이 박정희의 3선을 가능하게 하려는 목적으로 1969년에 주도한 제6차 개헌이다. 주요 내용으로는 다음과 같다.
(1) 대통령의 3기 연임 허용
(2) 야당 의원 집단 사퇴로 국회의원 수가 법정 최소 인원 이하로 될 사태를 막기 위한 소인원 규정 삭제
(3) 대통령 탄핵 소추 발의선을 의원 30인 이상에서 50인 이상으로 상향 조정
(4) 국회의원의 장관 등 기타 직위 겸직 허용

전태일의 죽음 이후 지식인 계층부터 노동자 계층 등에서 활발한 노동 환경 개선 운동이 펼쳐지게 되었다. 사진은 영화 〈아름다운 청년 전태일〉 스틸 컷.

동자 중 그 누구도 이 법이 있다는 것을 알지 못했다. 이러한 환경을 개선하려 했던 대구 출신 스물두 살 노동자 전태일이 1970년 11월 13일에 사망했다. 당시 공장에서 중노동에 시달리는 어린 여공(당시 여성 노동자를 '여공'이라 불렀다) 일당은 커피 한 잔 값 50원이었는데 그마저도 아프면 해고되었다. 전태일은 14시간 동안 노동을 견디던 한 여공이 직업병인 폐렴에 걸렸는데 해고되는 것을 보고는 그를 돕다가 자신 마저 해고당했다. 비상식을 상식으로 바꾸지 못한 전태일은 노동자를 보호하는 법인 〈근로기준법〉이 있다는 것을 알게 되자 분노하며 열심히 공부했다. 1969년 6월에는 평화시장 최초의 노동 운동 조직 '바보회'를 조직했고, 이를 발전시켜 '삼동친목회'를 결성해 노동자의 권익을 찾으려고 노력했다.

　그는 11월 13일에 삼동친목회와 함께 노동자 인권을 보호하지 못하는 〈근로기준법〉은 의미가 없다는 차원에서 '〈근로기준법〉 화형식'을 갖기로 결심했다. 하지만 이미 정보를 입수한 경찰의 방해로 시위하지 못했고, 이에 낙심한 전태일은 자신의 몸에 석유와 휘발유를 끼얹어 라이터를 켰다. 약 3분 가량 전태일의 몸이 화염에 뒤덮였고, 병원에 이송되었으나 치료받지 못하고 숨을 거두게 되었다. 그의 몸에 불이 붙은 순간까지도 그가 외친 "〈근로기준법〉을 준수하라!", "우리는 기계가 아니다!"라는 외침은 여전히 회자되고 있다. 고귀하면서도 뼈 아픈 죽음이다.

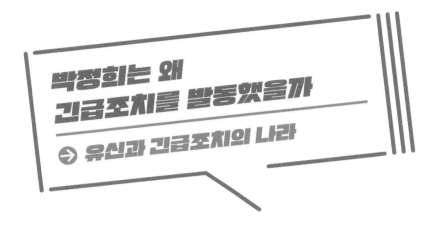

박정희는 왜
긴급조치를 발동했을까
→ 유신과 긴급조치의 나라

1971년 4월 27일, 박정희는 김대중과 맞붙은 제7대 대통령 선거에서 95만 표 차로 이겼다. 박정희는 세 번이나 대통령이 되었다. 박정희의 다음 목표는 죽을 때까지 대통령 자리에서 내려오지 않는 '영구집권'이었다. 그러나 한 달 뒤 치러진 국회의원 선거에서 총 의석 204석 중 야당인 신민당에서 89명이 당선됐고 국민당과 민중당이 각 1명씩 당선돼 민주공화당에서는 개헌 정족수 3분의 2에 못 미치는 113명(55.4퍼센트)만 당선되었다.

야당이 의외로 선전하자 곳곳에서 민주화를 요구하는 목소리가 나왔다. 153명의 판사가 집단 사표를 내면서 사법부 민주화를 외쳤고, 대학교수들도 학원 자유화를 요구했다. 대학생들은 군사 훈련을 중단하라며 교련 반대 시위를 벌였다. 가만히 보고 있던 박정희 정권은 회심의 미소를 지으면서 10월 15일 서울에 위수령을 선포하고 공

제7대 대통령 선거 서울시 장충동 선거 유세

박정희는 지역감정을 최대한 자극하고 부정 선거까지 펼쳐 겨우 8퍼센트의 격차로 김대중을 이겼다. 이에 분노한 박정희는 유신이라는 '묘수'를 생각해 냈다.

수부대를 불러들였다. 위수령은 경찰만으로는 치안유지가 불가능한 비상사태나 자연재해가 났을 때 지역 경비와 주요 시설 보호를 위해 군부대를 주둔시키는 것이다.

"경찰은 데모 주동 학생을 색출하고, 공수부대도 학교에 들어가 경찰을 도와라."

경찰과 군인들은 강의실을 덮쳐 학생을 연행하고 구타했다. 이때 10개 대학에서 1500여 명의 대학생이 체포되었고, 정부는 많은 학생을 강제로 군에 입대시켰다. 박정희 정권은 그다음 계획도 있었다. 12월 6일에 '국가비상사태'를 선포했다. 외적 침략, 내란, 천재지변 발생 등으로 통상적 방법으로는 공공질서 유지가 불가능할 때 선포하는 게 국가비상사태다. 이 조치는 대통령이 마음대로 국민의 기본권을 제약하는 데 사용되었다.

1972년 7월 4일에는 '남북공동성명'을 발표했다. 중앙정보부장 이후락이 비밀리에 평양을 다녀왔고, 북한 부수상이 몰래 서울에 와 박정희 대통령을 만난 뒤 우리 민족이 자주적이고 평화적으로 통일하자는 얘기를 나눴다는 것이다. 국민은 어리둥절했다. 당장 통일되는 줄 알고 좋아하는 사람도 많았다. 그러나 이 또한 박정희 정권의 영구집권 음모 중 하나였다.

"지금 〈헌법〉으로는 남북 대화나 평화 통일을 뒷받침할 수 없으니 다시 〈헌법〉을 바꿔야겠습니다."

박정희 정권은 10월 17일 '비상계엄'을 선포했다. 비상계엄은 국회를 해산하고, 정당이든 개인이든 정치 활동이 금지되며, 모든 대학은 휴교하고, 신문, 방송, 출판 등 모든 언론은 당국의 검열을 받아야 한다는 것이다. 집회와 시위도 금지되고 위반자는 군사재판에 넘기겠

서울대학교 문리대 학생 시위대를 공격하는 경찰
1973년 10월 2일 서울 동숭동 서울대학교 문리대 캠퍼스에서 박정희 정권의 유신체제 반대 시위를 하는 학생들은 반유신 민주화 운동의 시작을 알렸다. 문리대생 250여명은 비상 학생 총회를 열고 2시간 동안 시위를 벌였다. 경찰들은 215명을 연행해 23명을 구속, 9명을 불구속 입건, 61명을 구류 조치했다. 학교도 23명을 제적, 18명을 자퇴, 56명을 무기정학시켰다.

다고 으름장을 놓았다.

이때 내놓은 개헌안은 대통령을 '통일주체국민회의'*에서 선출하고, 대통령 임기는 4년에서 6년으로 하며 무제한 연임을 가능하게 했다. 종신 대통령을 꿈꾸는 박정희 맞춤 개헌이다. 대통령은 국가 안보, 공공 안녕을 위해 '긴급조치'**를 할 수 있다고 명시했으며 통일주체국민회의에서 국회의원의 3분의 1을 뽑는데 후보는 대통령이 일괄 추천하도록 했다. 이렇게 뽑힌 국회의원 모임을 '유신정우회'(이하 유정회)라고 했는데 박정희의 수족이나 마찬가지였다.

이렇게 만들어진 〈유신헌법〉 개헌안은 11월 21일 찬반투표를 해 91.9퍼센트 투표율에 91.5퍼센트 찬성으로 통과되었다. 계엄령 아래에서 치러진 이 투표에 반대 여론을 일으킬 정치인도, 언론도 없었

 통일주체국민회의

대한민국 제4공화국 시기에 존재했던 헌법기관이다. 명목상 헌법 최고기구였지만, 이름과 달리 통일을 위해 무엇을 하지도 않았고, 국민이 관여도 할 수 없는 기형적인 조직이었다. 통일주체국민회의 대의원들은 애초에 6년에 한 번만 모였기에 따로 건물을 마련하지 않고 장충체육관에 모였다. 이러한 특징에서 독재 정권 특유의 간접 선거를 뜻하는 말인 '체육관 선거'가 유래했다.

 긴급조치

대통령이 내릴 수 있는 특별 조치이며, 국회의 동의 없이 대통령의 독자적인 판단 아래 국민의 기본권을 정지시킬 수 있고 정부와 법원의 권한을 바꿀 수 있다. 긴급조치권은 사법적 심사의 대상이 되지 않았기에 사법부에 의한 사후 통제조차 막혀 있다. 즉, 대통령에게 헌법 개정에 준하는 무소불위의 권한을 부여했다.

다. 〈유신헌법〉은 오로지 박정희를 위한 〈헌법〉이다. 대한민국은 민주공화국이 아니라 왕조시대처럼 박정희를 왕으로 떠받드는 박정희 왕국이 되었다.

하지만 우리 국민은 4·19 혁명을 통해 이승만을 쫓아냈다. 박정희의 독재를 보고만 있지 않았다. 1973년 서울대학교를 시작으로 〈유신헌법〉 반대 시위가 전국적으로 일어났다. 박정희는 '긴급조치' 1호로 화답했다.

"〈유신헌법〉을 비난하거나 반대하는 행위를 금지한다. 어기면 영장 없이 체포하고 군사재판에 넘겨 최고 15년형에 처한다."

박정희 정권은 긴급조치 9호까지 발동하면서 독재를 반대하는 민주인사를 탄압하고 심지어는 사형도 시켰다. 대부분 검사나 판사도 박정희 수족이었다. 이러한 상황은 계속 이어졌고, 1978년 7월 6일에 치러진 제8대 대통령 선거에서도 박정희는 통일주체국민회의 대의원 2578명 중 무효 1표를 제외한 2577표를 받아 99.9퍼센트 지지율로 당선되었다. 민주공화국 선거라고 보기에는 참 어이없고 부끄러운 결과였다.

민심은 박정희에게 등을 돌렸다. 같은 해 12월 12일 치러진 제10대 국회의원 선거에서 민주공화당은 68명, 신민당과 무소속을 포함한 야권에서 86명이 당선된 것이 그 증거다. 이후 박정희 정권의 붕

괴로 이어질 사건 하나가 발생하게 된다.

1979년 8월, 국내 최대 가발업체였던 YH무역의 노동조합원들이었던 여성 노동자 172명이 회사 운영 정상화와 노동자 생존권 보장을 요구하며 신민당사에서 농성했다. 그들은 "정상화 아니면 죽음이다", "우리를 나가라면 어디로 나가란 말이냐"라는 플래카드를 만들어 벽에 걸었다. 처음부터 노동조합원들이 신민당사에서 농성했던 것은 아니었다. YH무역이 일방적으로 폐업 공고를 내자 노동조합원들은 야당인 신민당에 호소하기로 결심하고 목욕 바구니를 들고 갔다. 만약 경찰에게 들키면 기숙사 내 샤워 시설이 단수되어 목욕탕에 간다고 둘러대기 위한 수단이었다. 그렇게 찾아간 신민당사에서 당시 총재였던 김영삼은 이들의 호소를 받아들여 신민당사를 집회 장소로 내주었다. 하지만 경찰은 1000여 명을 동원해 무력으로 폭력 진압했고 이 과정에서 노동자 김경숙이 목숨을 잃었다. 이때 경찰 두 명이 노동자 한 명을 연행하는 모습을 보고 '101호 작전'이라는 말도 생겼다.

이 사건을 주제로 김영삼이 미국 신문《뉴욕타임스》와 인터뷰하면서 박정희 정권을 맹비난했다. 박정희 정권은 김영삼이 내정 간섭을 자초했다는 이유를 들어 국회에서 제명했다. 김영삼의 정치적 고향 부산 시민들은 참지 않고 유신 철폐와 박정희 퇴진을 외치며 반독재 시위에 나섰고, 1960년에 4·19 혁명 서막을 연 마산에서도 호응했다. 이것을 '부마 민주항쟁'이라고 한다.

마산 시내에 투입된 공수부대

시위하지 않기로 유명했던 부산대에서 시위 준비를 먼저 시작했고, 항쟁 하루 전인 10월 15일에 '선언문'이 교내에 퍼졌다. 16일에 모인 학생들은 학교를 돌다가 대학 담벼락을 무너뜨리고 일제히 시내로 나가 '유신 철폐', '독재 타도'를 부르짖었다. 시위는 더욱 커져 육군 특전사 2000여 명이 투입되었지만, 시위대를 막을 수 없었다. 마산까지 시위가 퍼져 10월 18일 경남대 학생 1000여 명이 기동 경찰 300여 명과 대치하다 투석전을 벌였다.

부산과 마산에서 시위가 한창이던 1979년 10월 26일 밤, 청와대 옆 궁정동의 중앙정보부 안가(안전가옥)에서 박정희와 비서실장 김계원, 경호실장 차지철, 중앙정보부장 김재규 등 측근들이 파티를 열었다. 모델 신재순과 가수 심수봉이 술 시중을 들었다. 이 자리에서 박정희는 부마사태 등에 제대로 대처하지 못한다고 김재규를 질타했다. 평소 권력의 2인자로 자처하며 독선적인 일처리로 참모들과 사이 나빴던 차지철이 박정희 말에 동조했다. 차지철은 평소 "한 3만 명쯤 죽여 버리면 조용해질 것"이라고 얘기해 왔고 이날도 "반항하는 자들은 탱크로 눌러 버려야 한다"라고 부마사태 강경 진압을 주장했다. 그러자 김재규가 권총을 꺼내 들었다.

"각하, 이따위 버러지 같은 놈을 데리고 정치하니 정치가 올바로 되겠습니까?"

김재규는 차지철을 쏜 뒤 곧바로 박정희를 향해 방아쇠를 당겼다. 오후 7시 45분경이었다. 박정희 독재 18년은 그렇게 끝났다.

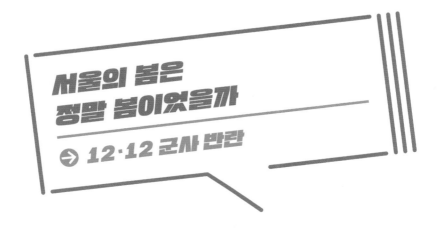

서울의 봄은
정말 봄이었을까
→ 12·12 군사 반란

김재규는 거사 전에 조선국방경비사관학교 후배인 정승화 육군참모총장을 궁정동 안가 근처에서 기다리게 했다. 박정희 대통령을 쏜 김재규는 도망가지 않고 정승화 육군참모총장과 함께 육군본부로 갔다. 육군본부에 가서 왜 대통령을 쏘았는지 해명하려고 했을 것이다. 대통령을 그대로 두었다가는 부산과 마산에서 더 큰 희생이 따른다고 말하고 싶었을 것이다. 박정희 독재를 끝장내야 이 땅에 민주주의를 실현할 수 있다고 말하려고 했을 것이다.

그러나 박정희가 죽은 지 4시간 40분 만에 김재규는 보안사령관 전두환 소장에게 체포되었다. 전두환은 박정희가 5·16 군사 쿠데타를 일으켰을 때 육군사관학교 생도를 이끌고 지지행진을 벌인 바로 그 사람이다. 전두환이 드디어 모습을 드러냈다.

박정희의 사망 이후 〈헌법〉 규정에 따라 최규하 국무총리는 대통령 권한대행이 되었고, 10월 27일 새벽 4시 제주도를 제외한 전국에 비상계엄령을 선포했다. 계엄령에 따라 전국 대학은 휴교에 들어갔고, 방송과 신문 등 모든 언론은 사전 검열을 받았으며 모든 집회가 금지됐다. 통행금지도 자정에서 밤 10시로 앞당겨졌다.

보안사령관 전두환은 박정희 살해 사건을 조사하는 합동수사본부장이 되었다. 합동수사본부는 보안사령부, 헌병대, 검찰, 경찰, 중앙정보부 등이 합동으로 수사한다고 해서 붙은 이름인데 경찰 3명 빼고는 모두 보안사령부 장교들로 구성됐다. 계엄령 아래에서 전두환이 모든 수사기관을 장악한 것이다.

김재규는 1980년 1월 28일 육군 고등계엄군법회의에서 '내란 목적 살인 및 내란 미수죄'로 사형 선고받았고, 최후 변론에서 자신은 혁명을 한 것이라며 혁명 목적 다섯 가지를 주장했다. 그해 5월 24일 김재규의 사형이 집행됐다.

"저의 10월 26일 혁명의 목적을 말씀드리자면 다섯 가지입니다. 첫 번째가 자유민주주의를 회복하는 것이요, 두 번째는 이 나라 국민의 보다 많은 희생을 막는 것입니다. 또 세 번째는 우리나라를 적화로부터 방지하는 것입니다. 네 번째는 혈맹의 우방인 미국과의 관계가 건국 이래 가장 나쁜 상태이므로 이 관계를 완전히 회복해서 돈독한 관계를 가지고 국방을 위시해서 외교 경제까지 적극적인 협력을 통해서 국익을 도모하자는 데 있었던 것입니다. 마지막 다섯 번째로 국제적으로 우리가 독재 국가로서 나쁜 이미지를 갖고 있습니다. 이것을 씻고 이 나라 국민과 국가가 국제 사회에서 명예를 회복하는 것입니다. 이 다섯 가지가 저의 혁명의 목적이었습니다."

1979년 12월 6일 최규하는 통일주체국민회의에서 대통령으로 선출됐다. 야당이나 민주화 운동 세력은 독재자 박정희가 죽었는데도 박정희 거수기였던 통일주체국민회의에서 대통령 뽑는 것을 비웃었지만 이는 계엄사령부가 결정한 일이다. 이때 계엄사령관 정승화 육군참모총장은 "민주주의를 국민에게 되돌려주겠다"라고 말했다. 그러나 합동수사본부장으로 실무 권한을 장악한 전두환의 생각은 달랐다. 육군사관학교 11기인 전두환은 박정희를 가장 존경했고, 그가 정권을 어떻게 잡았는지 잘 알고 있었다.

전두환은 육군사관학교 재학시절 노태우, 김복동 등 영남 출신 동기 다섯 명과 '오성회'를 조직했다. 1960년대에는 7명이 모여 '칠성회'가 됐다가 후배 박희도 등을 끌어들이면서 '하나회'로 이름을 바꾸었다. 사조직을 인정하지 않는 군대에서 비밀리에 정보를 주고받고 서로 밀어주고 끌어 주면서 세를 키운 하나회 회원들은 군대 요직을 차지했다.

1979년 12월 12일, 하나회 회원들은 전두환 지시에 따라 긴밀하게 움직였다. 경기 고양시에서 한강과 고양시, 파주시 일대를 지키는 9사단 29연대가 서울 중앙청으로 진군해 왔다. 9사단장은 하나회 노

12·12 군사 반란 중앙청 전경

최규하의 비상계엄령은 12·12 군사 반란의 배경이 되었다. 이 조치는 최규하가 대통령 권한대행으로서 군 통제권을 포기한다는 뜻이다. 당시 〈계엄법〉 9조에 의하면 전국을 계엄 지역으로 선포하면 대통령이 지휘하게 되지만, 그 이외에는 국방부장관이 지휘하기 때문이다. 그리하여 계엄사령부는 권력의 중심이 되었고, 계엄사령부 합동수사본부장이었던 전두환은 권력의 핵심이 되었다.

태우 소장이다. 김포공항 인근에 주둔한 1공수여단은 국방부와 육군 본부를 장악했다. 1공수여단장은 하나회 박희도 준장이다.

전두환 보안사령관은 하늘 같은 선배 정승화 계엄사령관을 체포 했다. 대통령 살해 당시 현장 근처에 있었던 점이 의심스럽다는 것이 다. 특전사 사령관 정병주, 수도경비사 사령관 장태완도 체포했다. 이것을 '12·12 군사 반란'이라고 부른다. 12·12 군사 반란을 주도한 전두환과 하나회를 박정희 시절 군부와 구분하기 위해 '신군부'라고 부른다. 이제 모든 권력은 전두환에게 갔다. 최규하 대통령은 박정희 가 5·16 군사 쿠데타를 일으켰을 때 윤보선 대통령처럼 허수아비일 뿐이다.

전두환은 박정희를 존경했지만, 박정희 유산인 긴급조치를 마냥 붙들고 있을 수는 없었다. 대통령 최규하를 시켜 긴급조치 관련자 561명을 사면하고, 감옥에 갇혔던 1330명을 석방하게 했다. 시위 등 으로 제적된 학생 759명도 학교로 돌아갈 수 있도록 했다. 1980년 2 월에는 윤보선, 김대중 등 정치인 687명이 복권돼 정치 활동을 할 수 있게 되었다. 이른바 '서울의 봄'이다. 시민들은 혹독한 독재의 겨울 이 가고 민주의 봄이 온 줄 알았다.

시민 사회는 최규하 대통령에게 〈유신헌법〉 폐지와 민주적 직접 선거를 요구했다. 그러나 최규하는 침묵하는 대통령이었다. 시민 사 회는 그에게서 어떤 대답도 듣지 못했다. 사람들은 그가 왜 대통령 자리에 앉아있는지 갸우뚱했다. 정치권에서 민주적 지도자로 알려진

서울의 봄

서울의 봄은 1968년 체코슬로바키아에 일시적으로 불었던 민주화의 바람을 뜻하는 표현인 '프라하의 봄'에 빗댄 표현이다. 프라하의 봄처럼 서울의 봄도 7개월을 가지 못하고 끝났다. 이 기간은 유신체제 붕괴 이후로 1979년 10월 27일부터 1980년 5월 17일까지다. 1980년 5월 15일에는 서울역 인근에 30개 대학교, 10만여 명의 대학생이 모였으나, 논의 끝에 대규모의 유혈사태가 생길 수 있으니 해산해 다음에 집결하기로 했다. 훗날 이를 '서울역 회군'이라 부르게 되었다.

김대중과 김영삼의 행보는 실망스러웠다. 둘이 힘을 합쳐도 부족할 판에 서로 대통령이 되겠다고 나섰기 때문이다.

대학생들은 차근차근 권력을 장악해 가는 전두환의 속내를 눈치챘다. '전두환 퇴진하라!'라는 구호가 등장했지만 전두환은 그런 학생들을 비웃듯이 중앙정보부장 서리에 올랐다. '서리'는 권한은 있지만 '임시' 또는 '대리'라는 뜻이다. '서리'라는 꼬리표를 단 이유는 현역 군인은 '부장'이 될 수 없었기 때문이다. 보안사령관과 합동수사 본부장에 이어 중앙정보부장 서리까지 꿰찬 그는 모든 권력의 실질 적 주인이 되었다.

왜 진압 준비부터 했을까
→ 신군부의 치밀한 계산

박정희 유신 독재 아래에서 민주주의를 외치다가 긴급조치로 쫓겨났던 교수와 대학생들이 학교로 돌아왔다. 교수는 연구에 매진했고, 대학생들은 '교련 반대', '계엄 철폐' 등의 구호를 외치며 시위에 나섰다. 학생들은 학생의 권리와 국민의 권리를 주장하며 목소리를 높였다. 이들처럼 노동자들 또한 전태일의 정신을 이어받아 현실을 바꾸기 위해 노력했다.

1980년 4월 21일, 강원도 정선군 사북면 동원탄좌 사북광업소 탄광 노동자들과 어용 노조 사이에 임금 인상을 둘러싸고 큰 싸움이 일어났다. 노동자 부인까지 합세한 3000여 명의 시위대가 지서를 부수고 기차역을 장악했다. 동원탄좌 사북광업소는 대한민국의 민영 광산 중에서 최대 규모를 자랑하던 곳이었다. 하지만 탄광에서 일하던 광부의 노동 환경은 그렇지 않았다. 30도가 넘는 고온에서 고난도 노동을 이어가며 진폐증에 걸리는 등 위험한 노동 환경임에도 월 평균 월급이 약 15만 원에 불과했다. 1980년대 짜장면 값이 500원이 었음을 생각하면 터무니없이 적었다. 임금이 적어서 생계가 어려웠으나, 광산에서는 '덕배'라는 폭력 조직을 동원하며 이들의 아우성을 막았다. 참다못한 노동자들은 살기 위해 싸움을 벌인 것이다. 이들의 시위로 공권력이 마비되고 치안 부재 상태가 며칠간 이어졌다. 4월 24일에 사태는 진정됐지만 연행된 노동자들은 가혹한 고문을 당했고, 이 사건은 80년대 노동 운동의 출발점이 되었다. 이 일을 '사북 사건' 또는 '사북 사태'라고 부른다.

5월 1일에는 1만 명이 넘는 서울대생이 '계엄 해제', '유신잔당 퇴진' 등의 구호를 외쳤고 시위는 전국 대학으로 퍼져나갔다. 5월 14일에는 전국적으로 6만여 명이 가두 시위를 벌였고 5월 15일에는 10만여 명의 학생과 시민이 서울역에 모여 집회를 열었다. 이날 학생지도부는 신군부 동향이 심상치 않음을 감지하고 충돌을 피하기 위해 각 학교로 돌아가기로 했고, 5월 16일에 전국총학생회장단은 시위 중단을 결의했다.

대학생들의 짐작이 틀리지 않았다. 전두환과 신군부는 외적과 싸워야 할 군대를 동원해 본인들에게 눈엣가시 같은 민주화 세력과 시위대를 잠재우고 권력을 찬탈할 생각이었다. 신군부는 5월 14일에 남한산성 인근에 주둔한 3공수여단을 동작동 국립묘지에 배치했고, 5월 15일에는 양평에 주둔한 20사단을 잠실체육관과 효창운동장에 배치했다.

5월 17일 오전 11시, 신군부 지휘관 44명이 모여 전군지휘관회의를 열었다. 이들은 비상계엄 전국 확대, 국회 해산 등을 결의했다. 정부 국무회의에서 결정해야 할 사항을 군인들끼리 먼저 결정한 것은 반란 모의다. 밤 9시 30분에 전두환과 신군부는 국무총리와 장관들을 중앙청에 불러 국무회의를 열게 했다. 안건은 5월 18일 0시를 기해 비상계엄을 전국으로 확대한다는 것이다. 이에 따라 국회를 해산하고, 모든 대학에 휴교령을 내리며, 직장 이탈과 파업을 금지한다는 것이다. 계단과 복도에는 총을 든 군인들이 위압적인 자세로 서 있었다. 국무총리와 장관 등 국무위원들은 신군부가 시키는 대로 비상계엄령 전국 확대를 결의했다. 아무리 허수아비라지만 대통령이 있음에도 강압적으로 밀어붙인 이것을 '5·17 쿠데타' 또는 '5·17 군사 반란'이라고 부른다.

비상계엄도 확대했고, 군 병력도 서울 주요 거점에 배치했으며 휴교령이 내린 대학교마다 계엄군이 주인인 양 교문을 지켰다. 계엄사령부는 야당 지도자 김대중을 체포했고 김영삼을 가택에 연금했다. 서울에서 대학생들이 시위를 중단하자 일망타진할 준비를 마친 신군부는 머쓱해졌다.

전라도는 박정희 정권 내내 차별과 핍박을 받아온 지역*이다. 김대중은 야당 지도자이면서 전라도 출신의 대표적 정치인이다. 김대중이 박정희 정권과 맞서 싸우는 것을 본 전라도 사람들은 김대중을 전라도의 한을 풀어줄 희망으로 여겼다. 전라도와 야당의 거목으로 성장한 김대중은 전두환과 신군부에게도 눈엣가시였다.

서울역에 모인 대학생들
거리로 나선 대학생들은 신군부와 전면전에 나섰다. 대학생들은 거리에서 최규하와 신현확, 전두환의 화형식을 벌이기도 했다.

서울과 다른 지역 대학생들은 16일부터 시위를 중단했지만, 전라남도와 광주 대학생들은 16일까지 계획된 시위를 마친 뒤에 전국총학생회장단 결의에 따라 시위를 중단할 생각이었다. 5월 14일에 전남대생 6000여 명이 도청 앞에서 '민주화 성회'를 열었고, 15일에는 전남대, 조선대, 광주교대 등 대학생과 시민 1만 5000여 명이 도청광장에서 민주화 성회를 열었다. 16일에는 도청광장에 9개 대학 학생과 시민 3만여 명이 모여 시국 성토대회를 열었다. 광주 지역 경찰은 시위를 막지 않고 질서 유지에만 신경 썼다. 광주·전남 대학생들은 '특별한 일'이 생기면 전남대 교문 앞에서 다시 모이기로 하고 16일 밤에 도청광장 등 시위 장소의 쓰레기를 깨끗이 치우고 해산했다.

이때 군부대 움직임이 포착되었으나 시위를 저지하거나 진압하지 않았다. 5월 14일에 광주에 사령부를 둔 31사단 일부 병력이 방송국에 들어갔고, 15일에는 전남대와 조선대에 7공수여단 2개 대대가 막사를 설치했다. 군인들은 아무 일도 일어나지 않은 광주 진압 준비를 마쳤지만, 대학생이나 시민은 알지 못했다. 그들에게는 아무 계획도 없었기 때문이다.

호남소외론

대한민국 정부에서 정치·경제적 패권 달성을 목적으로 개발 과정에서 호남을 배제하거나, 호남 출신을 인사·경제적인 면에서 차별한다는 주장이다. 이는 영호남 지역 갈등이 배경이 되는데, 5·18 민주화 운동이 호남소외론의 결정적인 명분이 되었다. 제5공화국 정권이 권력을 장악하는 과정에서 호남 지역 전반을 유혈 탄압하며 사과조차 하지 않았기 때문이다.

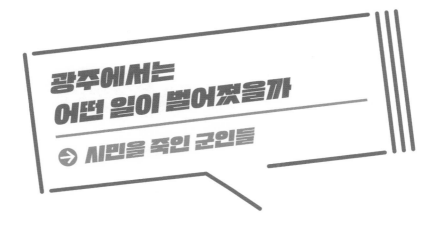

광주에서는
어떤 일이 벌어졌을까
→ 시민을 죽인 군인들

5월 18일 0시에 비상계엄이 전국으로 확대됐고, 이 소식은 뉴스를 통해 전국에 알려졌다. 이날 새벽 공수부대 군인들이 전남대, 조선대, 광주교대에서 철야 농성 중이던 학생 수백 명을 체포했다. 군인들은 쇠심이 박힌 길이 70센티미터 살상용 진압봉으로 학생들을 구타했다.

아침에 전남대 교문 앞에 학생들이 모여들었다. '비상계엄 전국 확대'라는 특별한 일이 생겼으므로 모인 것이다. 교문은 공수부대 군인들이 지키고 있었다. 금세 모여든 200여 명이 대열을 만들고 "계엄 철폐"를 외쳤다. 학생들은 학교로 들어가려고 했고, 군인들은 막아섰다. 학생들이 자꾸 달려들자 교문을 지키던 군인들은 진압봉으로 학생들을 진압했다. 학생들은 골목으로 흩어지면서 구호를 외치고 돌을 던졌지만, 훈련이 잘된 공수부대원을 상대하기에는 역부족이었다. 군인들은 피투성이가 되도록 학생을 때리고 질질 끌고 다녔다.

5월 18일 오전 9시부터 상황을 보고받은 이희성 계엄사령관은 추가로 군인들을 투입시켰다. 공수부대원들은 네 명이 한 조가 되어 시민들을 구타했다. 사진은 영화 〈1980〉 스틸 컷.

　학교에서 겨우 도망친 학생들은 금남로로 와 열을 지어 앉아 연좌 농성을 벌였다. 오전 11시쯤 다른 학교 학생들도 합세해 1000여 명의 학생이 금남로에 모여들었다. 오후 1시쯤 공수부대원을 태운 20여 대의 트럭이 금남로로 달려왔다. 군인들은 어깨에 총을 멘 채 쇠심이 박힌 진압봉을 마구 휘둘렀다. 학생들의 머리가 터지고 팔다리가 부러졌다. 군인들은 시위대뿐 아니라 길 가는 노인, 구경하는 어린아이, 행상하는 아주머니 등을 가리지 않고 두들겨 팼다. 여학생 옷을 벗기고 희롱하기도 했다. 이들은 군인이 아니라 악마였다.

　대학생들은 충장로 등 시내 중심가로 흩어지면서 "계엄령을 해제하라", "김대중을 석방하라" 등의 구호를 외치며 산발적 시위를 했다. 시민들은 대학생의 구호를 듣고 김대중이 신군부에 체포됐다는 소식을 알게 됐다. 박정희에 대한 원망과 분노는 고스란히 전두환에게 옮겨갔다. 거리에 나와 있는 사람을 전원 체포하라는 방송이 들리자 군인들은 시민에게 달려들었다.

수업 중이던 방송통신고 학생들을 두들겨 패 끌고 갔고, 학생을 숨겨준 할머니를 때려 실신시키고 방안을 뒤져 학생을 끌고 갔다. 택시에서 내린 신혼부부를 때리고 짓밟았으며, 무서워서 도망가는 고등학생을 놓아주라고 타이르는 노인을 때려 기절시켰다. 때리고 짓밟아 피투성이가 된 사람을 군용트럭에 집어 던지듯 실었다. 그들이 어디로 끌려갔는지 군인들 말고는 아무도 몰랐다.

5월 19일 아침에 학생과 시민 수천 명이 약속이나 한 듯 금남로 가톨릭회관 앞으로 모여들었다. 공수부대 군인들은 가차 없이 진압봉을 휘둘렀고 시민들도 이에 질세라 공사장에서 각목과 파이프 등을 가져와 군인에게 대항했다. 시위대는 아침에 모였던 5000명에서 오후 2시에는 2만 명으로 늘어났다. 공수부대 장갑차도 거리에 나타났다. 분노한 시민들의 시위는 더 거세졌고 군인들은 총을 쏘았다. 전쟁터가 따로 없었다.

군인들은 집집마다 들어가 젊은이들을 끌고 나와 발가벗겨 손을 뒤로 묶고 포복을 시켰다. 공용터미널 앞에서는 시위 군중 7명에서 8명이 군인들의 대검으로 난자당해 죽었다. 부상자를 병원에 데려가려는 택시기사도 심하게 맞았다. 군인들은 이유도 사정도 묻지 않고 시민들을 때리고 짓밟았다. 18일과 19일에 잡혀간 사람은 계엄사령부

기록으로 654명이다. 죽었는지 살았는지 알 수 없는 행방불명자도 많았다. 군인들은 누구를 잡아갔는지 가족에게 연락하지도 않았다.

5월 20일 오전에는 금남로 한복판에 젊은 남녀 30여 명이 팬티와 브래지어만 걸친 채 군인들에게 얼차려 받는 광경이 목격됐다. '엎드려뻗쳐', '옆으로 누워', '한 발로 서' 등 군인들도 훈련할 때나 받는 얼차려를 20대 젊은 여성의 옷을 벗겨 남성과 함께 줄을 세워놓고, 그것도 거리 한복판에서 시킨 것이다. 이 광경을 본 어느 가톨릭 신부는 총이 있다면 그 군인들을 쏴 죽이고 싶었다고 울분을 토했다.

공수부대 군인들은 지나가는 버스와 택시를 세워 기사를 폭행했다. 학생을 실어 나르거나 부상한 시민을 병원에 데려다준다는 게 폭행 이유였다. 5월 20일 오후 4시쯤 분개한 기사들이 각자 차량을 몰고 무등경기장에 모였다. 200여 대의 택시, 버스, 트럭은 헤드라이트를 켜고 줄지어 도청광장으로 향했다. 시민들도 목숨을 걸고 물밀듯이 도청광장으로 나왔고, 이때 많은 시민이 다치고 죽었다.

이제는 대학생 시위가 아니었다. 남녀 고등학생도 나왔고 직장인도 모두 나왔다. 이날 밤에는 계엄사령부의 거짓투성이 발표문을 뉴스로 방송한 광주문화방송국이 불탔다. 세무서도, 경찰서 두 군데도 불탔다. 시청 건물은 시위대가 장악했다. 시민들은 가족과 친구가 다치고 죽자 눈에 보이는 게 없었다. 전두환과 신군부는 선량한 시민들을 폭도로 만들었다.

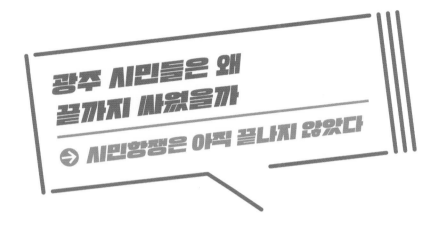

광주 시민들은 왜
끝까지 싸웠을까
➡ 시민항쟁은 아직 끝나지 않았다

군인들은 시위대를 향해 사격했다. 수십 명이 죽고 더 많은 사람이 다쳤다. 병원마다 다친 사람을 수용할 공간이 부족했다. 5월 21일 밤에 시위대는 도청을 장악했고, 시위대 일부는 군인의 사격에 맞서기 위해 광주 인근 나주, 화순 등지의 지서와 파출소 무기고에서 카빈 소총, M1 소총, 실탄 등을 빼앗아 도청으로 가져와 시민군을 조직했다. 군인과 시민의 싸움은 바야흐로 전쟁이 되었다.

계엄사령부는 언론을 통해 '김대중 내란음모 사건' 수사 결과를 발표했다. 김대중이 배후에서 조종해 광주 사태가 일어났다는 것이다. 이것은 명백하게 광주 시민을 도발하려는 음모였다. 김대중은 전두환과 신군부가 5·17 군사 반란을 일으키면서 체포된 상태였기 때문이다.

한편에서는 시민수습위원회를 구성해 도지사, 계엄사령부 관계자와 협상을 시도했지만, 그들은 시민들이 가져간 무기를 반납하라는 말만 앵무새처럼 반복했다. 무기를 반납하자는 움직임도 있어서 시민군이 소지한 무기 5000여 정 중 2500여 정이 회수됐다. 군인이 쏘지 않으면 시민도 맞서 싸울 생각은 없었다. 허수아비 최규하 대통령이 사태 수습을 위해 광주에 왔지만, 시민들 얘기는 들어 보지도 않은 채 군인들만 만나고 돌아갔다.

5월 27일 새벽 4시에 무장한 계엄군 6000여 명이 도청을 완전히 포위했다. 중학생 3명, 고등학생 26명, 대학생 23명을 포함해 도청에는 모두 157명이 남아 있었다. 공수부대 특공대가 총을 쏘며 도청에 진입해 1시간 30분 동안 전투가 벌어졌고 시민군 13명이 사망했다. 남은 사람들은 개머리판으로 맞고 군홧발에 짓밟히며 피투성이가 돼 끌려 나왔다. 처절한 패배였다. 그러나 시민항쟁은 아직 끝나지 않았다.

5·18 민주화 운동 기간은 1980년 5월 18일부터 5월 27일까지 열흘간이다. 그러나 그 기간은 군인들이 총칼로 선량한 민주시민을 제압한 기간일 뿐이다. 박정희와 똑같은 방식으로 정권을 차지하려는 전두환과 신군부의 등장이, '김대중이 광주사태를 배후에서 조종했다'라는 뉴스를 도배한 신군부의 거짓말이 광주 시민의 자존심에 상처를 줬고, 시민항쟁을 만들었다.

5·18 민주화 운동 기간 중 군인들에게 숨진 시민은 165명이다. 총탄이나 대검, 진압봉 등 군인의 무력으로 부상한 시민 376명도 증상

5월 23일,
공수부대에서는 처음에는 몽둥이로,
다음은 대검으로,
다음에는 총으로 우리 시민을 무차별 살해했으며 ……
우리 시민들은 좋지 못한 일인 줄 알면서도
공수부대에 맞서기 위해 무기고를 털어 총으로 대련해 물리쳤다.
…… 그때가 2시쯤이었을까?
약 30분 후에 계엄군이 광고 앞, 돌고개을 넘어섰고
지원동 쪽에서도 이동하기 시작했다고
살고 싶은 사람은 피하라 해서
우리는 도청 밖으로 나와 피해 있었다.

주소연 일기

당시 광주여자고등학교에 재학하던 주소연은 전남도청에서 김밥을 말며 민주화 운동에 힘을 보탰다. 그는 계엄군의 폭력을 피하고자 동명교회에 숨었다가 아침에 집으로 돌아갔다. 집에 가자마자 긴박했던 상황에 대한 소회를 기록했고, 이 글은 2011년에 유네스코 인권 분야 세계기록유산으로 등재되었다.

이 나빠져 나중에 사망했다. 계엄군이 끌고 가 암매장했을 것으로 의심되는 65명은 여태 시신조차 찾을 수 없다. 계엄군도 23명이 죽었다. 신군부는 "무장한 시민군에게 계엄군 상당수가 숨졌다"라고 선전해 왔으나 거짓말이다. 계엄군 사망자 대부분은 자기들끼리 서로 적인 줄 알고 총격전을 벌여 숨진 것이다.

시민도 군인도 죽을 이유가 없었다. 이는 철저하게 전두환과 신군부의 계획이고 잘못이다. 민주화 운동을 공산 분자의 폭동으로 몰고 가 진압의 정당성을 선전하고 권력을 차지하려는 야비하고 탐욕스러운 자들의 꼼수였다.

─ 5·18 이후 ─

5·18을 기억하려는 기록

1980년 5월 21일 이희성 계엄사령관은 불순분자들의 유언비어에 의해 시위가 발생했다고 진실을 왜곡했다. 사실은 계엄군의 잔악한 진압 때문이다. 신군부는 6월부터 '김대중 음모론'을 조작해 퍼뜨렸고 이를 근거로 민주화 인사들의 죄명을 날조해 구속했다. 그러나 5·18 민주화 운동 유가족 및 관련자, 민주화 운동 세력은 5·18 민주화 운동의 진실 규명을 위해 각고의 노력을 기울였다. 1987년 6·10 민주 항쟁을 통해 5·18 민주화 운동의 진실이 전국에 알려지면서 1988년부터 국회에서 '광주청문회'가 열렸다.

1995년 11월 24일 〈5·18 민주화 운동 등에 관한 특별법〉이 만들어졌고, 이 법에 따라 전두환, 노태우 등 사건 관련자들은 내란죄로 구속돼 처벌되었다. 그러나 전남도청 앞 발포 명령, 민간인 살상 책임, 실종자 등의 문제는 미해결로 남아 있다. 1990년대 후반부터 군

177

장교 출신으로 시스템공학자 지만원은 "5·18 광주 폭동은 반미주의 뿌리이며 북괴군의 적화 전략"이라는 등 터무니없는 주장을 하다가 구속되기도 했다.

　2011년에는 5·18 민주화 운동 기록물이 유네스코 세계기록유산으로 등재됐다. 1980년 5·18민주화 운동 기간부터 진상 규명, 피해자 보상, 명예 회복에 관련한 문건, 사진, 영상 등이 총망라됐는데 문서철 4271권(85만 8904쪽), 흑백필름 2017컷, 사진 1733장 등 방대한 자료다. 이 기록물의 유네스코 등재는 한국 민주주의뿐만 아니라 인권 기록으로서 인류가 보존하고 기억해야 할 기록물로 평가받았다는 것에 의의가 있다.

6·10 민주항쟁

전두환은 누구일까
→ 새로운 군사 정권의 등장

광주에서 시민들이 피투성이가 된 채 전두환이 파견한 군인들과 싸우던 5월 26일, 신군부 정치군인들은 청와대로 최규하 대통령을 찾아갔다.

"대통령 각하, 국가보위비상대책위원회(이하 국보위) 설치안입니다. 서명하십시오."

분위기가 위압적이었는지 화기애애했는지는 모르겠다. 대통령이 허수아비였던 것만은 틀림없다. 대통령 재가를 받은 국보위 설치안은 다음 날 형식적이나마 국무회의를 통과해 5월 31일에 정식으로 발족했고, 전두환이 상임위원장 자리에 앉았다. 국보위는 박정희가 5·16 군사 쿠데타를 일으켰을 때 서둘러 만든 군사혁명위원회와 같은 성격의 기구다.

국보위 상임위원장으로 권력을 틀어쥔 전두환은 5·18 민주화 운동의 진실을 알리기 위해 노력했던 언론인을 악성 유언비어 유포죄로 구속했다. 《창작과비평》 등 정기간행물 172종을 폐간하고 300여 명의 언론인을 직장에서 쫓아냈다. 언론사를 강제로 통폐합하기도 했다.

군법회의(1988년 군사법원으로 명칭 변경)에서는 '광주 사태'가 북한 자금을 받은 김대중 등이 배후에서 조종해 정부를 위험에 빠뜨린 사건이라며 김대중에게 사형을 선고했다. 신군부는 자기들도 사형 선고가 터무니없다고 생각했는지 김대중이 한국을 떠나는 조건으로 이듬해에 풀어 주었다. 또 사회악을 제거하겠다면서 노동운동가, 농민운동가 등과 불량배 6만여 명을 체포해 이 중 4만여 명을 '삼청교육대'*에 보냈다. 소위 '삼청교육'은 얼차려, 고문 등 육체적 고통을 주는 대표적인 인권유린 현장이었다.

"각하, 이제 하야하셔야겠습니다."

삼청교육대

삼청교육대에는 불량배 외에도 무고한 시민들까지 잡아들여 불법적인 인권 유린을 자행했다. 소련의 '굴라크' 같은 공산주의 국가의 정치범 수용소와 다를 바가 없었다. 삼청교육대에서는 잡아들인 사람들을 A급에서 D급으로 분류했는데, A급은 군사재판에 회부, B급은 순화 교육 후 근로 봉사, C급은 순화 교육 후 사회 복귀, D급은 훈방 조치했다.

체육관 선거

체육관 선거는 간선제로 진행한 선거로, 박정희, 최규하, 전두환 시절까지 시행되었다.
1987년 6·10 민주항쟁으로 〈헌법〉이 개정되면서 체육관 선거는 역사 속으로 사라졌다.

신군부는 최규하에게 노골적으로 대통령 사임을 요구했고 최규하는 군소리 없이 1980년 8월 16일에 사임했다. 전두환은 박정희가 만든 통일주체국민회의 대의원 선거를 통해 8월 27일 99.9퍼센트 지지를 받아 제11대 대통령에 당선되었다. 통일주체국민회의는 당시 가장 큰 장충체육관에서 선거했기 때문에 이렇게 선출된 박정희, 최규하, 전두환 대통령을 국민은 체육관 대통령이라고 비웃었다.

9월, 새 학기가 되자 '광주학살 진상규명'과 '군부 독재 반대'를 외치는 유인물이 대학가에 나돌았다. 전두환 정권은 운동권 학생 수백 명을 강제로 군대에 보냈고 이들에게 국가에 대한 무조건 충성, 반공 정신 등 신군부 입맛에 맞는 국가관을 주입하는 '녹화 사업'을 벌였다. 이들을 교육해 학교에 침투시켜 프락치 역할도 하게 했다. 녹화 사업 기간 중 강제로 군대에 끌려간 대학생 6명은 알 수 없는 이유로 죽었다. 이것을 '군의문사'라고 한다.

제11대 대통령이 된 전두환은 개헌 작업을 시작했다. 초대 대통령 이승만도, 18년 독재자 박정희도 자기 권력을 연장하기 위해 개헌에 목맨 것과 똑같았다.

제5공화국 '헌법개정안'은 〈유신헌법〉에서 간접 선거로 대통령 뽑는 방식을 그대로 따랐다. 대통령 임기를 7년 단임제로 못 박았지만, 대통령 선거인단을 뽑아 그들만 투표하는 방식을 고수한 것은 전 국민이 투표하는 직접 선거로는 승산이 없기 때문이다. 또 대통령이 지명하는 후계자에게 정권을 물려주려는 계산도 있었다.

1980년 10월 22일 국민투표에서 전두환 정권의 '헌법개정안'은 95.5퍼센트의 투표율과 91.6퍼센트의 찬성으로 통과되었다. 압도적인 찬성률에 민주화 운동 세력은 당혹감을 감출 수 없었지만, 계엄령 아래에서 군대와 경찰, 통반장의 선거 개입은 예상된 일이었다. '개정헌법'에 따라 전두환은 국회와 정당을 해산했고, '국가보위입법회의'라는 어이없는 입법기구를 만들어 156일 동안 국회를 대신해 입법부 기능을 하게 했다. 전두환이 뽑은 81명의 국가보위입법회의 의원은 전두환 정권의 거수기 노릇을 했다.

새로 국회를 개원하기 위해서는 정당이 필요했다. 전두환 정권은 기발한 생각을 해냈다. 신군부의 보안사령부가 주도해 여당인 민주정의당(이하 민정당)을 창당하고, 중앙정보부가 주도해 유치송을 총재로 한 민주한국당(이하 민한당), 김종철을 총재로 한 한국국민당(이하 국민당) 등 야당을 창당한 것이다. 여당인 민정당을 창당해 전두환을 총재로 세운 것은 이해할 수 있지만, 야당도 두 개나 창당해 들러리로 세운 것은 세계사에 유례가 없는 일이고 지나가는 개가 웃을 일이다.

〈헌법〉을 개정하고 여당은 물론 들러리 야당도 창당해 정치적 기반을 다졌다고 여긴 전두환은 1980년 5월 18일 0시에 전국으로 확대한 계엄령을 1981년 1월 24일 해제했다. '개정헌법'에 따라 전두환은 1981년 2월 25일 장충체육관에서 열린 제12대 대통령 선거에 출마했고 90.2퍼센트를 얻어 당선되었다. 물론 유치송과 김종철도 들러리로 출마해 각각 7.7퍼센트, 1.6퍼센트를 얻었다.

국민에게 〈헌법〉은
어떤 의미였을까
→ 직선제 개헌 투쟁

민주화 운동 세력이 전두환 군사 정권의 엉터리 제5공화국 〈헌법〉을 그냥 두고 볼 수는 없었다. 자기들끼리 체육관 선거를 통해 장기 집권하려는 속내가 빤히 보이기 때문이다. 국민이 직접 선거를 통해 대통령을 선출해 민주 정부를 세우려면 〈헌법〉을 바꿔야만 했다. 그러나 민주화 운동 세력 내의 대학생과 청년들은 '광주학살'에 대한 책임을 따지는 것이 우선이라고 여겼다.

1982년 3월에 '부산 미국문화원 방화 사건'이 일어났다. 고려신학대학 문부식 등이 주도한 이 사건은 광주 학살을 지원한 미국의 책임을 묻고 시민들에게 반미 투쟁을 호소했다. 이때부터 대학생 민주화 시위에서 '반미자주화' 목소리가 커졌다. 이는 미국을 반대하며 우리나라 일은 외세 간섭 없이 우리 스스로 해내자는 주장이다. 해방 이후 미국의 노골적인 내정 간섭에 대한 불만이고, 미국의 입김에 놀

부산 미국문화원 방화 사건

부산 지역 대학생들이 부산 미국문화원에 불을 지른 사건이다. 처음에는 북한의 테러로 추정했으나, 좌익 운동권 대학생들의 반미 목적 행동이었다는 점에서 사회적 파장을 일으켰다. 게다가 당시 시대적 상황으로 이러한 사건을 여학생들이 주도했다는 점에서 충격을 주었다. 한국 전쟁 이후 대한민국에서 반미 정서가 대대적으로 보도된 중요한 사건 중 하나다.

아나는 군사 정부를 성토하는 것이다.

1983년에는 1970년대에 학생 운동에 앞장섰던 청년들이 중심이 돼 민주화운동청년연합(이하 민청련)을 결성했다. 이들은 '민족 통일', '부정부패 청산'을 주장했다. 1985년에는 민청련 등 민주화 운동 단체들이 '광주 학살 정권 퇴진을 위한 국민대회'를 개최해 정부의 무자비한 탄압을 받았다. 이때 민청련 의장이던 김근태가 고문 기술자 이근안 경감에게 고문을 당한 사실이 알려져 '고문 및 용공 조작 공동대책위원회'가 구성되었고 이 조직은 후에 '민주헌법공동대책위원회'로 발전해 우리가 알아볼 '6·10 민주항쟁'의 구심점이 되었다.

전국학생총연합(이하 전학련)은 1985년 4월 전국 학생 대표 기구를 확대한 대학생 조직이다. 전학련은 산하에 '민족통일·민주쟁취·민중해방 투쟁위원회'를 두었는데 민족, 민주, 민중이라는 세 개의 '민'으로 시작해 '삼민투'라고 불렸다. 이들은 광주 학살 원흉 처단 등을 요구하며 시위를 벌였고, 5월 23일에는 "광주 학살 책임지고 미국은 공개 사죄하라"라며 을지로에 있는 미국문화원을 점거했다. 대학생들은 72시간 만에 점거를 끝내고 자진해서 연행됐다. 미국문화원 점거 농성은 서울 한복판에서 일어났기 때문에 광주 학살의 책임을 묻는 대학생들의 분노가 미국은 물론 전 세계로 알려졌다.

1985년 8월 민청련은 '민주제 개헌 운동'을 들고 나왔고, 민주화 운동 단체가 통합해 1985년 봄에 출범한 민주통일민중운동연합(이하 민통련)은 11월에 '민주헌법쟁취투쟁위원회'를 만들어 개헌 투쟁에 나섰다. 정치권도 민주화 운동 세력의 개헌논의에 화답했다. 김대중과 김영삼을 비롯한 정치인들이 만든 민주화추진협의회(이하 민추협)는 1985년 12월 '민주제 개헌 1000만 명 서명 운동'에 나섰다. 전두환 정권은 서명 운동을 방해하면서, 88올림픽을 성공적으로 치르기 위해 개헌 논의를 유보해야 한다고 주장했다.

1986년 신민당은 각 지방을 돌며 '개헌추진위원회 지부 결성대회 및 현판식'을 열었는데 민주화 운동 단체들이 주도적으로 참여했고,

학생들도 대회장 주변에서 유인물을 뿌리며 자신들의 주장을 펼쳤다. 5월 3일 경기·인천지부 결성대회에는 수도권 일대 민주화 운동 단체가 모두 모여들었다. 결국 경찰과 격렬한 출동이 일어났고 급기야 근처 민정당사가 불타고 화염병과 최루탄이 난무했다. '인천 5·3 민주항쟁'으로 불리는 이날 시위는 5·18 민주화 운동 이후 최대 규모였다. 그러나 전두환 정권의 대대적인 탄압 빌미가 되었다.

국민은 체육관 선거, 체육관 대통령을 더는 받아들이지 않겠다는 결연한 의지를 보이며 개헌을 요구했다. 1972년 〈유신헌법〉 이후 박정희가 두 번, 최규하가 한 번, 전두환이 두 번 체육관 선거를 통해 대통령이 되었는데, 이는 국민의 뜻이 아니었다. 국민의 저항이 거세지자 전두환 정권은 내각제 개헌을 논의해 보자고 꼼수를 부렸다. 대통령 직선제보다는 여당인 민정당이 다수당이 되는 게 수월하다고 생각한 것이다. 물론 이승만과 박정희에게 배운 '부정 선거'도 염두에 두었을 것이다.

1986년 10월 28일부터 31일까지 서울 건국대학교에서는 어이없는 점거 농성이 있었다. 전국 26개 대학의 학생 2000여 명이 10월 28일 건국대에 모여 '전국 반외세 반독재 애국학생 투쟁연합'(이하 애학투련) 발족식을 했다. 대학생들은 집회를 연 후 해산할 생각이었다. 그런데 이 집회에 대한 정보가 사전에 경찰에 새어나갔다. 전두환 정권은 이 기회에 운동권 학생을 일망타진할 계획을 세우고 시위 학생보다 네 배 가까이 되는 7900여 명의 경찰을 동원해 운동장에 모여 집회 중인 학생들을 토끼 몰 듯 건물 안으로 몰아넣었다. 학교를 점거할 계획이 없던 학생들은 음식도 이불도 없이 3박 4일간 갇혀서 억지 점거 농성을 해야 했다. 언론은 정부가 불러 주는 대로 '공산 혁명 분자의 건국대 점거 난동'이라는 기사를 내보냈다. 31일 아침 경찰은 헬기까지 동원해 1447명을 연행하고 그중 1288명을 구속했다. 이른바 '건국대 사건'이다.

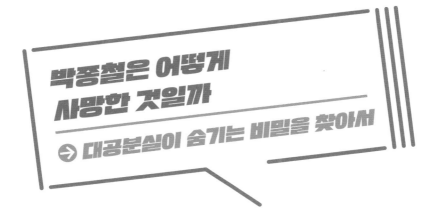

박종철은 어떻게
사망한 것일까
→ 대공분실이 숨기는 비밀을 찾아서

전두환 정권은 '광주 학살', '직선제 개헌'이란 구호에 진저리를 쳤다. 그러나 학생도, 노동자도, 재야 세력도 시위에 나서기만 하면 저 구호를 외쳤다. 악에 받친 전두환 정권은 모든 민주화 세력을 싸잡아 '북한 사주를 받은 용공 분자*'로 규정하고 닥치는 대로 탄압하고 구속했다. 전두환 정권은 북한이 쳐들어올지도 모른다는 안보 위기를 조장했다. 이승만 정권과 박정희 정권이 그랬던 것처럼 안보 위기는 한국 전쟁을 겪은 국민에게 가장 잘 먹혔고, 민주화 운동을 잠재우기에도 효과적인 방법이었기 때문이다.

용공 분자

용공은 공산주의를 용인한다는 뜻으로, 부정적인 의미로 쓰인다. 지금은 거의 사장된 단어다. 그리고 공적인 매체에서 비속어인 '빨갱이'라는 말을 대놓고 할 수 없었기에, 순화해서 표현할 때 쓰인 표현이다.

전두환은 자신을 국민에게 알리는데 가장 큰 공을 들였다. 1980년 언론 통폐합 이후 텔레비전 방송국은 《KBS》와 《MBC》밖에 없었다. 두 방송국 다 9시에 종합 뉴스를 내보냈는데, 9시 시보가 '땡' 하고 울리면 약속이나 한 듯 첫 뉴스는 "전두환 대통령 각하께서는……"으로 시작되었다. 그래서 국민은 맨 처음에 나오는 대통령 동정 뉴스를 '땡전 뉴스'라고 비아냥거렸다. 다른 중요한 뉴스보다도 대통령이 무슨 일을 했는지 알려 주는 대통령 동정을 뉴스의 가장 첫머리에 보도한 것이다.

정권의 강요도 있었지만, 전두환 정권 나팔수를 자임한 방송국은 대통령 영상만 만드는 전용 편집실을 두고 '땡전 뉴스'를 제작했다. 땡전 뉴스는 1981년부터 1987년까지 계속됐다.

이렇게 정의도 상식도 사라진 터무니없는 세월을 지나던 어느 날, 정권도, 민주화 운동 세력도 깜짝 놀라게 만든 중요한 사건이 발생했다. 바로 '박종철 고문치사 사건'이다. 이 사건으로 전두환 정권은 몹시 당황했고, 민주화 운동 세력은 꺼져 가는 불길에 기름을 부은 격으로 민주화 운동 전열을 재정비했다.

1987년 1월 13일 자정쯤 서울대 언어학과 3학년 박종철의 하숙방에 치안본부 대공분실 수사관 6명이 들이닥쳤다. 이들은 다짜고짜 박종철을 남영동 대공분실 509호로 끌고 갔다. 박종철은 구속되었다가 집행유예로 풀려난 전력이 있는 운동권 학생이다. 수사관들은 박종철에게 2년 전부터 수배 중인 박종운의 행방을 대라고 다그쳤

남영동 대공분실

경찰청 보안국이 설치한 대공분실은 북한의 남파 간첩과 〈국가보안법〉 위반자 등을 취조하는 곳이다. 군사독재 시절에는 정권 입장에서 마음에 들지 않는 사람을 잡아서 대공분실에 끌고 와 고문하고 죽이기도 했다. 사진은 영화 〈남영동 1985〉 스틸 컷. QR코드는 《한국일보》에서 360도 카메라로 구현한 대공분실 가상 체험.

다. 박종운은 서울대학교 동아리 대학문화연구회 선배이며 서울대학교 민주화추진위원회 지도위원이다. 박종철은 선배의 행방을 말하지 않았다.

수사관들은 박종철의 옷을 모두 벗겨 전기고문을 하고 머리를 욕조에 처박는 물고문을 했다. 물고문 도중 욕조 턱에 목이 눌리면서 박종철은 의식을 잃었다. 수사관들은 놀라서 대공분실 부근 중앙대학교 용산병원으로 급히 이송했으나 이미 숨을 거둔 뒤였다. 경찰은 당황해서 사망 원인을 숨기기로 마음먹고 검찰에 쇼크사라고 보고했다.

1월 15일 오전 중앙일보 신성호 기자가 기삿거리를 찾아 검사실에 들렀다가 '경찰 조사받던 대학생이 죽었다'는 정보를 입수했다. 오전 내내 취재해 죽은 장소가 남영동 대공분실이라는 것과 죽은 대학생이 박종철이고 부산에 사는 가족은 경찰 연락받고 서둘러 서울로 올라갔다는 정보도 확인했다. 그날 석간에 '경찰에서 조사받던 대학생 쇼크사'라는 제목의 짧은 기사가 실렸다. 제목은 경찰이 검찰에 보고한 대로지만 기사 본문에는 '검찰은 박 군이 수사기관의 가혹행위로 숨졌을 가능성에 대해 수사 중'이라고 적혀 있었다. 이 소식은 일파만파로 퍼져나갔다. 박종철이 사망한 사실을 더 숨기기 어려워지자, 강민창 치안본부장이 기자들 앞에 섰다.

"수사관이 주먹으로 책상을 '탁'하고 치자 '억'하고 쓰러졌습니다."

순진한 사람들은 그럴 수도 있다고 생각했을까. 동아일보가 당국의 발표는 경악과 의문을 북돋운다고 지적했다. 또 한양대 부속병원의 부검 결과 신체에 피멍이 있었다는 점도 보도했다. 이제 국민은 "'탁'하고 치니 '억'하고 죽었다"라는 박종철의 사망 원인을 믿을 수 없게 되었다.

중앙일보 보도를 본 구속자 가족들이 1월 15일 오후 8시부터 기독교회관에서 박종철 고문치사에 항의하는 철야 농성을 가졌다. 다음 날 오후에는 민주화실천가족협의회 회원 40여 명이 남영동 대공분실 앞에서 농성하다가 16명이 연행되었다. 1월 17일에는 김근태 민청련의장 고문 폭로 때 맹활약한 '고문 및 용공 조작 저지 공동대책위원회'가 나서서 박종철 고문치사 폭로대회를 갖기로 했다. 정부를 믿지 않는 국민이 본격적으로 움직이게 된 것이다.

진실은 어떻게 조작되었을까
→ 거리로 나온 국민의 외침

민주화 운동 세력은 물론 국민에게도 더는 쇼크사로 위장할 수 없게 되자 경찰은 1월 19일에 남영동 대공분실에서 박종철을 수사한 조한경 경위와 강진규 경사를 〈특정 범죄 가중 처벌법〉 위반 혐의로 구속했다고 발표했다. 국민 분위기가 심상치 않다는 것을 느낀 전두환은 박종철 고문치사 사건에 유감을 표하고 내무부장관과 치안본부장을 경질했는데 후임 내무부장관은 정호용이다. 정호용은 5·18 민주화 운동 당시 공수부대를 지휘한 특전사령관 출신이다.

'건국대 사건' 이후 잠시 움츠렸던 대학가는 자신들과 같은 대학생 박종철의 죽음을 가벼이 보지 않았다. 서울대 언어학과에는 즉시 빈소가 차려졌고 '민주화 운동에 대한 살인 행위'라고 쓴 대자보가 붙었다. 기독교학생총연맹 소속 대학생 30여 명은 16일 밤부터 철야 농성에 들어갔다. 일요일인 1월 19일에는 고려대에서 박종철 고문치

박종철 열사 고문치사 사건에 항의하는 시민들(위)과 이 사건을 다룬 영화 〈1987〉 스틸 컷

사 항의 시위가 있었고, 20일에는 서울대에서 박종철 추모제와 성토 대회가 열렸다. 방학 중임에도 전국의 여러 대학에서 잇따라 개별로 또는 연합 항의 시위를 벌였다.

불교에서는 추모 법회를, 기독교에서는 추모 예배를, 천주교에서 는 추모 미사를 지내는 등 종교계도 박종철 고문치사에 대한 항의를 이어갔다. 유신독재와 맞서 싸운 경험이 있는 천주교정의구현사제단 과 김수한 추기경 등은 사제와 신자 수천 명과 함께 침묵 시위를 벌 였다.

억울하게 죽은 박종철은 군사 반란 세력 타도와 직선제 개헌을 통한 민주 정부 수립을 바라는 국민의 마음에 분노의 불을 지폈다. 4·19 혁명 이후 서울에서 시민들이 자발적으로 시위 행렬에 합류한 경우는 거의 없었다. 그러나 박종철이 사망한 이후에는 소위 '넥타이 부대'로 불린 직장인, 자영업자 등 남녀노소 가리지 않고 거리로 뛰 쳐나와 박수 치며 응원하고 구호를 함께 외쳤다.

민주화 운동 세력은 국민의 뜻을 모아 2월 7일을 박종철 추모일로 정했다. 그날 오후 2시 서울 명동성당에서 추도회를 여는 동시에 전 국의 국민은 각자 위치에서 흰색 또는 검은색 리본을 달고 추도 묵 념을 올리며, 모든 자동차는 오후 2시 추모 경적을, 교회, 사찰 등 종 교기관은 추모 타종하기로 약속했다.

전두환 정권은 이 추도회를 무산시키려고 재야 단체를 압수 수색 하고, 105개 대학을 수색했으며, 2월 6일부터 명동성당 일대 출입을

명동성당에서 열린 박종철 추모 미사

통제했다. 그러나 민주화 단체와 시민들은 서울을 비롯해 부산, 광주, 인천 등지에서 경찰의 저지를 뚫고 동시다발로 추도식을 열고 "종철이를 살려내라!"라고 목청껏 외쳤다.

민주화 운동 세력과 함께 직선제 개헌을 위해 싸우던 야당 신민당은 분열했다. 신민당의 '바지 사장'이던 이민우 총재가 정부 여당에서 제안한 내각제 개헌을 긍정적으로 검토하겠다고 말했기 때문이다. 당시 신민당은 김대중·김영삼이 실질적 지도자였으며 이민우 총재는 대리인에 불과했다. 김대중·김영삼은 분노해 신당 창당을 결정하고 창당일을 4월 13일로 정했다. 이때 신민당 소속 의원 74명 중 63명이 신당인 통일민주당으로 향했다.

전두환 정권은 통일민주당 잔칫날인 창당일에 큰 뉴스를 터뜨려 김을 빼기로 했다. 전 국민이 바라던 직선제 개헌에 대한 논의를 금지하는 담화를 4월 13일에 발표한 것이다. 이를 '4·13 호헌 조치'라고 한다. 호헌은 〈헌법〉을 보호한다'라는 의미로, 현행 〈헌법〉대로 대통령 선거인단을 통해 간접 선거로 '체육관 대통령'을 뽑겠다는 뜻이다.

이는 울고 싶은데 뺨을 때린 격이며 박종철 고문치사에 대한 분노가 아직 가라앉지 않은 상황에서 민심에 불을 지른 것이다. 민주화 운동 단체는 물론이고 민주화 운동과는 다소 거리를 두고 있던 의사, 약사, 영화인, 미술인, 연예인 단체 등 각계각층에서 4·13 호헌 조치 반대 성명서가 나왔다. 천주교 사제, 개신교 목회자들은 단식 투쟁에 들어갔고, 50개 대학 1530명의 교수가 호헌 조치를 반대하고 직선제 개헌을 요구하는 시국선언에 참여했다.

　5·18 민주화 운동 7주년이 되는 5월 18일 오후 6시 30분, 명동성당에 신자와 재야인사 2000여 명이 모여 '광주 민주항쟁 7주기 미사'를 열었다. 이 자리에서 정의구현사제단 소속 김승훈 신부가 거짓과 야만으로 폭주하던 전두환 정권의 급소를 정확하게 때리는 폭탄선언을 했다.

　"박종철 고문치사 사건의 진실은 조작되었습니다."

　김승훈 신부는 박종철을 고문해 사망하게 만든 사람은 이미 구속된 조한경 경위와 강진규 경사 외에 황정웅 경위, 반금곤 경사, 이정호 경장 등이 더 있으며 사건을 조작하도록 지시한 사람은 전석린 경무관, 유정방 경정이라고 폭로했다. 강민창 치안본부장도 범인을 조작할 때 개입한 흔적이 있다고도 했다. 이 폭로로 나라가 발칵 뒤집혔다.

전두환은 무엇으로
민주주의의 입을 막았을까
→ 이한열의 죽음

천주교정의구현사제단의 폭로는 영등포교도소에 수감 중인 이부영 민통련 사무처장이 알려준 내용이었다. 이부영은 '인천 5·3 민주항쟁 배후 조종 혐의'로 잡혀갔는데 마침 박종철 고문치사 사건 혐의자로 구속된 조한경 경위와 강진규 경사도 같은 교도소에 있었다. 두 사람은 고문 수사관이 더 있는데 자기들만 잡혀 왔다고 울분을 토했고, 한 교도관이 그 사실을 이부영에게 알린 것이다.

전두환 정권은 천부당만부당하다고 잡아뗐으나 이부영이 정의구현사제단에 전한 메모가 상세하고 구체적이어서 이실직고하지 않을 도리가 없었다. 5월 21일에 가서야 검찰은 고문 수사관 세 명을 더 구속했다. 이 폭로 이후 전국의 대학가는 '고문·학살 정권 타도', '군부독재 정권 타도'를 내세우며 들불 같은 시위를 이어갔다.

5월 20일에는 의미 있는 민주 대연합이 이루어졌다. 민통련 등 각

부문 민주화 단체와 천주교, 개신교 등 종교 단체, 야당 정치인까지 포함해 '호헌 철폐 및 민주헌법 쟁취 국민운동본부'를 조직하기로 합의한 것이다. 5월 27일 향린교회에서 발기인대회를 열고 명칭을 '민주헌법쟁취국민운동본부'(이하 국본)로 확정했다.

5월 29일에 서울 지역 대학생들은 '호헌 철폐와 민주 개헌 쟁취를 위한 서울지역학생협의회'(이하 서학협)를 결성했다. 서학협은 5월 8일 서울 지역 18개 대학 총학생회장과 2000여 명의 대학생이 모여 결성한 '서울지역대학생대표자협의회'(이하 서대협)와 함께 대학생 투쟁의 지휘부 역할을 했다.

국본은 전두환 정권이 민주정의당 대통령 후보를 결정하는 6월 10일에 '고문 살인 은폐 규탄 및 호헌 철폐 국민대회'를 정동 성공회 대성당에서 열기로 했다. 전국의 대학가도 '6·10 규탄대회 총궐기를 위한 실천대회'를 여는 등 적극적으로 호응했다. 국본은 6월 5일에 '6·10 국민대회 행동 요강'을 발표했다.

❶ 6월 10일 오전 10시 각 부문, 단체별로 호헌 철폐 국민대회를 열고, 오후 6시에는 성공회 대성당에 집결해 국본이 주관하는 국민대회에 참석한다.

❷ 오후 6시 국기 하강식 때 전 국민은 그 자리에서 애국가 제창한 후 자동차는 경적, 종교시설은 타종하며, 국민은 '민주헌법 쟁취 만세', '민주주의 만세', '대한민국 만세'를 부르고 1분간 묵념하며 민주 쟁

취 결의를 다진다.

❸ 경찰이 폭력으로 대회 진행을 방해하면 비폭력으로 저항하고, 연행을 거부하고, 연행된 경우에도 묵비권을 행사한다.

❹ 전 국민은 오후 9시부터 10분간 소등하고 《KBS》와 《MBC》 시청을 거부함으로써 국민적 합의를 깬 민정당 6·10 전당대회에 항의한다.

국본은 서울뿐 아니라 각 지방도 위와 같은 방식으로 동참해달라고 호소하며 국민대회 참가를 권유하는 '전 국민 전화 걸기'도 제안했다. 국본은 폭력 사태 없이 '평화적으로' 대회를 진행해야 한다는 것을 무엇보다도 강조했다.

국민대회를 하루 앞둔 6월 9일 오후 2시 연세대학교에서 '6·10 전당대회 출정을 위한 연세인 총궐기대회'가 열렸다. 대회가 끝나고 학생들이 '사과탄(사과 모양 최루탄)'과 '지랄탄'˙에 맞서 일진일퇴를 거듭하며 경찰과 싸우던 중 경영학과 2학년 이한열이 경찰이 쏜 최루탄에 뒤통수를 맞아 중태에 빠졌다. 이 사건은 연일 신문과 방송에 보도됐고, 대학생은 물론이고 국민에게 고문으로 살해당한 박종철을 다시 떠올리게 했다. 이한열은 한 달여 사경을 헤매다가 7월 5일

지랄탄

'페퍼포그'라고 불리는 다연발 최루탄 분사차에서 분사한 최루가스다. 정식 명칭은 '깨스차'다. 지랄탄이라 불리게 된 것은 후추와 안개를 합친 말인 페퍼포그가 사방으로 움직이며 가스를 분사하는 것이 '지랄'하는 것 같다고 해서 붙은 별명이다.

사망했다.

전두환 정권은 6월 7일부터 일제 검문을 하는 등 며칠 전부터 6·10 전당대회 원천 봉쇄를 공언해 왔다. 대회장인 성공회 대성당을 봉쇄하고 110개 대학을 수색했으며 재야인사를 가택 연금했다. 국본 오충일 위원장과 박형규, 계훈제, 제정구, 진관스님 등 20여 명의 국본 주요 인사들은 봉쇄하기 전에 미리 성당에 들어갔다.

국민은 어떻게 독재와 맞섰을까
→ 6·10 민주항쟁

1987년 6월 10일 아침이 밝았다. 오전 10시 잠실체육관에서 당원과 대의원 등 1만여 명이 참석한 가운데 '민정당 제4차 전당대회 및 대통령 후보 지명대회'가 열렸다. 전두환의 친구이자 민정당 대표위원 노태우가 대통령 후보로 지명되었다. 가수이자 방송인 임성훈이 사회를 봤고 가수 조영남, 정수라, 이선희, 조용필 등은 노태우가 가장 좋아하는 노래 〈베사메 무초〉 등을 부르며 흥을 돋웠다, 개그맨 김병조는 "민정당은 민족에게 정을 주는 정당이고, 통일민주당은 민족에게 고통을 주는 정당"이라고 말해 참석자들에게 웃음을 줬지만, 국민의 눈살을 찌푸리게 했다.

같은 시간 무교동 민추협 사무실에서 민추협·민주당이 공동으로 '영구 집권 음모 규탄대회'를 열었다. 무교동 일대에는 대회장에 들어가지 못한 당원과 시민 수백 명이 모여들어 "행동하는 국민 속에 박종철은 부활한다!", "직선제 민주 개헌 실시하라!" 등의 구호를 외치며 경찰과 몸싸움을 벌였다.

성공회 대성당에서는 경찰의 봉쇄 전 혹은 봉쇄를 뚫고 들어간 국본 주요 인사 20여 명과 성공회 성직자 등 70여 명이 국민대회를 준비했다. 아침 일찍 성당 외벽에 '고문살인 은폐 및 호헌 철폐 국민대회'라고 쓴 대형 플래카드가 걸렸다. 오전 10시부터는 성당 옥외 스피커를 통해 민정당 대통령 후보 선출 무효를 재차 선언하고, 미리 배포한 국민대회 선언인 "국민 합의를 배신한 4·13 호헌 조치의 무효를 전 국민의 이름으로 선언한다"라는 내용을 거듭 방송했다. 경찰은 성공회 대성당 주변에 철제 바리케이드를 치고 병력을 배치해 물샐틈없이 봉쇄했다.

오후가 되자 대학생들이 먼저 움직였다. 시내에서 게릴라처럼 이 골목 저 골목에서 적게는 수십 명, 많게는 수백 명이 "호헌 철폐", "독재 타도"를 외치며 경찰과 맞서다가 흩어졌다. 여성 단체 회원과 민가협회원 200여 명도 줄 맞춰 성공회 대성당으로 가려다가 제지당했다. 경희대, 외국어대 등 동부지구 대학생 수백 명은 1호선 전철을 타고 남영역에 내려 경찰과 격렬하게 싸웠다. 야당 의원, 민추협 회원 등이 포함된 시민 500여 명도 성공회 대성당으로 행진했다. 국민대회 시작이 임박한 이때 경찰의 촉각은 모두 성공회 대성당을 향해 있었다.

오후 6시가 되자, 성공회 대성당 옥외 스피커와 확성기에서 애국가

이한열 추모 현장

6월 10일에 시작된 6·10 민주항쟁은 6·29 선언
이 있기까지 약 20일 동안 계속되었다.

가 울려 퍼졌다. 태평로에 모인 시민들은 가슴에 손을 얹고 애국가를 따라 불렀다. 이어서 분단 42년을 기억하는 뜻으로 42번의 종소리가 울려 퍼졌다. 그러자 시내를 달리던 버스, 택시, 트럭도 경적을 울렸다. 버스와 택시 승객들은 차창을 열고 "독재 타도", "호헌 철폐"를 외치며 호응했다.

오후 7시 30분쯤에는 학생과 시민 등 3000여 명이 퇴계로를 점거해 일대 교통이 마비되었고, 남산3호터널에서 롯데쇼핑까지 차도를 2만여 명의 군중이 점거했다. 퇴계로2가 파출소도 한때 학생들이 점거했다. 상인들은 경찰에 쫓기는 학생을 숨겨 주었다. 시민과 학생 모두 한마음으로 전두환 정권에 맞섰다.

부산에서는 국기 하강식에 맞춰 애국가를 제창하고 시위를 벌이면서 전경 1개 소대를 무장 해제시키는 등 11시까지 투쟁했다. 마산에서는 대통령배 축구대회가 열리는 공설운동장으로 시위대가 도망치자 경찰이 쫓아가면서 쏜 최루가스가 운동장까지 퍼져 경기가 중단됐고, 분노한 관중도 합세해 "독재 타도"를 외쳤다. 대구, 포항, 울산, 경주에서도 "호헌 철폐" 구호가 울려 퍼졌다.

5·18 민주화 운동으로 큰 상처를 입은 광주는 1만여 명이 모여 시위를 벌였다. 전주와 익산 등 대학이 있는 도시는 모두 국민대회에 동참했다. 인천에도 시민, 노동자, 학생 등 1만여 명이 집결했고, 경원대의 교내 시위로 시작된 성남은 2만여 명이 모여 경찰이 미처 대응하지 못할 정도였다.

대통령 지명대회를 마친 민정당은 이날 저녁 남산 힐튼호텔에서 축하연을 열었다. 이 소식을 들은 시민과 학생들은 힐튼호텔로 향했다. 호텔 주변에는 경찰의 삼엄한 경계가 이어졌다. 그러나 경찰이 시위대는 막았지만, 자기들이 무차별로 쏘아댄 최루탄 냄새를 막지는 못했다. 축하연장에서 박수 치며 서로 축하 인사 나누고 건배했지만 여기저기서 손수건으로 코를 막고 재채기를 해댔다.

　이날 시위는 동시다발적으로 전국 22개 지역에서 30만여 명이 참여했다. 경찰은 3800여 명을 연행했고 220명을 구속했다. 그러나 시위는 끝나지 않았다.

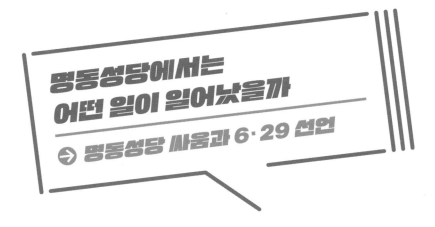

명동성당에서는 어떤 일이 일어났을까
→ 명동성당 싸움과 6·29 선언

1960년대부터 서울 도심에서 밀려난 사람들이 상계동 언덕바지에 무허가 판잣집을 짓고 모여 살았다. 88올림픽을 앞두고 전두환 정권은 시내 포장마차를 단속하고 '무허가판자촌'*을 철거하는 데 혈안이었다. 외국인에게 깨끗하게 정리된 서울을 보여 주기 위해 가난한 사람의 삶을 뿌리째 뽑아버리는 짓이었다.

1987년 4월 상계동에서 쫓겨나 갈 곳이 없어진 철거민 78가구가 천주교도시빈민사목협의회 도움으로 명동성당 한 편에 천막을 치고 생활했다. 전두환 정권에게 삶의 터전을 빼앗긴 철거민들은 6월 10

 무허가판자촌

판잣집은 판자로 벽체를 세운 허술한 집으로, 저렴하고 부실한 주거 형태의 집이다. 판자촌은 판잣집이 모여 있는 동네를 뜻한다.

일 오후에 집회를 열어 국민대회에 적극적으로 참가하기로 의견을 모았다. 이때 명동 일대에서 시위를 벌이던 시민과 학생 300여 명이 경찰에 쫓겨 명동성당으로 들어왔다. 철거민은 이들에게 물과 음식을 제공하는 등 따뜻하게 맞이했고 시민토론회를 열며 투쟁 결의를 다졌다.

밤 10시쯤에는 퇴계로 쪽에서 시위하던 1000여 명의 학생이 명동성당으로 쫓겨 들어왔다. 이들은 경찰 진입을 막기 위해 성당으로 들어오는 길목에 바리케이드를 치고 연좌 농성에 들어갔다. 학생대표, 청년대표, 시민대표 등 7명을 뽑아 지도부도 구성했다.

명동성당 농성자들은 농성을 계속할 것인지 해산할 것인지를 두고 오래 토론했다. 해산을 주장하는 사람은 6월 10일 국민대회로 민주시민의 뜻을 충분히 전달했다는 입장이었다. 농성을 계속해야 한다고 주장하는 사람은 호헌 철폐나 직선제 개헌에 대한 정부 답변을 들을 때까지 투쟁해야 한다는 입장을 내며 오래 논의했다. 농성자 일부는 성당을 빠져나갔다.

6월 11일 아침에 명동성당 농성자들은 전두환과 노태우 허수아비를 만들어 불에 태우는 화형식을 했다. 그러자 경찰이 최루탄을 쏘며 성당 진입을 시도했다. 농성자들은 돌과 화염병을 던지며 죽기 살기로 경찰을 막았다. 경찰은 농성자 전원을 연행하겠다고 엄포를 놓으며 다시 공격해 왔다. 성당 앞마당에까지 최루탄이 쏟아졌고 바리케이드가 무너졌으며 농성자들은 정문까지 밀렸다. 흡사 전쟁터였다. 그러자 김병도 명동성당 주임신부가 마이크를 잡았다.

"경찰은 물러가십시오. 우리 교회는 성당 안에 들어와 있는 시민과 학생을 끝까지 지킬 것입니다."

아무리 포악한 전두환 정권도 한국 천주교의 본산인 명동성당과 싸울 수는 없었을 것이다. 경찰은 물러났다. 명동성당 농성을 지지하고 지원하는 1000여 명의 대학생은 남대문시장에서 시위를 벌였다. 성당 안에서 천막생활 하는 상계동 철거민들은 농성자들에게 음식을 제공했다. 6월 10일 하루로 예정되었던 국민대회는 국본 지도부가 감당하기 어려운 '6·10 민주항쟁'으로 진화했다.

6월 12일부터 일반 시민들이 명동으로 몰려와 돈 봉투, 빵과 우유, 속옷 등을 농성장으로 던졌다. 성당 옆 계성여고 학생들은 점심 도시락을 모아 왔다. 농성을 응원하는 성금은 2000만 원 넘게 들어왔다. 성당 앞에서는 1만여 명이 시국 토론회를 열었다.

6월 15일 아침 농성자들의 투표로 농성 해산이 결정됐다. 명동성당 농성은 끝났지만, 시민들의 시위는 끝나지 않았다. 퇴근 시간이 지나면 넥타이를 단정하게 맨 젊은 직장인들이 시위 대열에 합류했다. '넥타이부대'는 민주화 세력과 학생들에게 큰 희망과 위로가 되었다.

"독재 타도", "직선제 쟁취" 등의 구호는 전국 주요 도시에서 끊이

지 않았다. 국본은 6월 26일에 '민주헌법 쟁취를 위한 평화 대행진'을 열기로 했다. 전두환 정권은 이를 원천 봉쇄하기 위해 야당 지도자 김대중을 가택 연금하고, 전국 대학을 수색해 시위 용품을 빼앗았으며, 전국에서 일제 검문을 실시했다. 그러나 평화 대행진은 전국 34개 도시에서 100만 명이 참가해 동시다발적으로 진행되었다.

궁지에 몰린 전두환 정권은 마침내 6월 29일 국민에게 항복했다. 민정당 대통령 후보로 지명된 노태우가 '직선제 개헌'을 받아들이겠다는 시국 수습 방안을 발표한 것이다. 자유로운 출마와 공정한 경쟁이 되도록 〈대통령 선거법〉을 개정하고, 김대중 사면 복권과 시국사범 석방, 언론 자유 보장, 대학 자율화 등도 다짐했다. 이를 '6·29 선언'이라고 한다. 대통령 전두환은 이튿날 담화를 통해 6·29 선언을 수용하겠다고 발표했다.

7월 5일 이한열이 사망했고 7월 9일에 장례식이 열렸다. 이날 100만 명에 가까운 시민이 이한열 추도 행렬을 따랐고, 광주에서 50만 명, 부산에서도 30만 명이 이한열을 추모하면서 그를 죽음으로 내몬 전두환 정권을 성토했다. 6·10 민주항쟁은 죽은 박종철과 이한열이 이끌었다. 그들이 직선제 개헌의 초석이 되었고, 대한민국의 민주주의는 한 뼘 더 자랐다.

— 6·10 이후 —

국민이 만든 직선제

6·10 민주항쟁으로 대통령 직선제, 지방자치제, 주민소환제도가 시행되었다. 대통령 직선제는 1971년 제7대 대통령 선거 이후 16년 만이다. 1987년 12월 16일 제13대 대통령 선거가 직접 선거로 치러져 민주정의당 노태우가 대통령으로 당선되었다. 노태우는 12·12 군사 반란을 일으켜 정권을 장악하고 5·18 민주화 운동을 폭력으로 진압한 전두환의 육군사관학교 동기이자 친구이며 12·12 군사 반란의 동지였다.

민주항쟁을 통해 '6·29 선언'이라는 항복도 받아내 직선제를 쟁취했는데 도로 군사 반란 세력에게 정권을 내준 이유는 무엇일까. 야권 후보의 단일화 실패 때문이다. 당시 대선 구도는 민주정의당 노태우, 통일민주당 김영삼, 평화민주당 김대중, 신민주공화당 김종필 등 1노3김의 각축이었다. 그중 야권의 두 지도자 김영삼과 김대중의 단일화가 초미의 관심사였으나, 없던 일이 되었다. 국민의 기대에 부응하지 않고 서로 대통령이 되겠다고 나섰기 때문이다.

지방자치제는 1952년 처음 실시됐으나 1961년 5·16 군사 쿠데타로 중단돼 1990년까지 이어졌다. 그러나 6·10 민주항쟁의 성과로 1988년에 〈지방자치법〉을 전면 개정했고, 1991년에 지방 선거를 실시함으로써 30년 만에 부활한 것이다. 지방자치제는 중앙 정부의 권한을 지방 정부에 이양한 지방 분권을 가장 큰 성과로 꼽는다. 또한 지역 주민이 지역 대표를 선출하고, '주민감사청구', '지방옴부즈만', '주민소환제' 등의 주민 참여가 제도적으로 이루어진다는 점도 지방자치제의 성과라고 할 수 있다.

주민소환제는 주민이 뽑은 선출직 공직자의 위법·부당 행위, 직권남용 등을 주민 소환 투표를 통해 가려내 해임하겠다는 취지다. 주민소환제의 근거인 〈주민소환에 관한 법률〉은 2006년에 제정되고 2007년 7월부터 시행되었는데 그 성과는 매우 미미한 편이다. 이 법의 취지는 지방자치에 관한 주민의 직접 참여를 확대하고 지방행정의 민주성과 책임성을 높이겠다는 것이다. 다만 주민 투표를 위한 서명 요건이 너무 까다로워 실지로 주민 소환 투표가 이루어지기 어렵다는 지적이 많다.

더 알아야 할 민주항쟁

한일 협정 반대 운동

1964년 3월~1965년 8월

한일 국교 정상화는 한국과 일본을 결합시켜 반공 전선을 구축하려는 '미국 동북아전략'의 핵심이었다. 미국은 한국에게 일본과 협력하라는 많은 압박을 가했다. 그래서 1950년대 이승만 정권 때부터 한일 국교 정상화를 위한 협상이 시작되었고, 4·19 혁명 이후 장면 정권도 비밀 협상을 계속했다. 5·16 군사 쿠데타로 정권을 잡은 박정희의 군부 세력도 협상을 통해 일본 자본을 도입해 경제 개발을 추진하려는 의지가 강했다. 1962년 11월 12일, 김종필 중앙정보부장은 일본 오히라 마사요시 일본 외상을 만나 무상원조 3억 달러, 유상 원조 2억 달러, 수출입은행 차관 1억 달러 등 도합 6억 달러에 합의하고 메모를 작성했다. 이것이 소위 '김종필-오히라 메모'다.

이 메모가 알려지면서 박정희 정권의 한일 국교 정상화 방침에 국민들은 강력하게 반발했다. 일제강점기 치하에서 살아온 세대들은 물론 해방 후에 태어난 젊은 세대도 부모의 영향으로 일본에게서 받은 치욕은 견딜 수 없는 것이었다. 1964년 3월 24일, 서울에서는 5000여 명의 대학생이 한일 수교 반대 시위를 벌이면서 박정희 정권의 친일 매국 행위를 규탄했다. 5월 20일 서울대에서는 '민족적 민주주의 장례식'을 거행했고, 전국 대학에서 박정희, 김종필 등 국교 정상화 추진 세력의 화형식을 거행하는 등 반대 시위는 들불처럼 타올랐다. 반대 시위가 격화되자 박정희 정권은 6월 3일 비상계엄을 선포하고 옥내외 집회, 시위를 금지하고 대학 휴교, 언론·출판의 사전 검열, 영장 없이 압수수색하고 시위가담자를 체포했다. 이때 학생과 정치인, 언론인 등 1120명이 체포되었다. 이를 '6·3 항쟁'이라고 한다.

한일 협정이 1965년 6월 22일 정식으로 조인되자 협정 무효와 비준을 반대하는 시위와 단식이 이어졌다. 7월에는 개신교 목사 100여 명, 재경 대학교수단 354명이 반대 성명을 냈지만 공화당은 7월 14일에 비준 동의안을 기습적으로 발의했다. 7월 말에는 각계 인사 300여 명이 조국수호국민협의회를 결성해 반대 투쟁에 나섰지만 8월 14일에 공화당 주도로 비준안이 날치기 통과됐다. 서울대 법대 학생들이 한일 협정 비준 무효화 선언식을 했고, 전국 대학생과 고교생 1만여 명의 시위가 이어졌으며 서울 지역 대학생 1만여 명은 기말시험을 거부했다. 그러자 무장군인 500여 명이 고려대에 난입해서 학생들을 곡괭이 자루로 패는 등 박정희 정권은 위수령을 발동해서 주요 대학에 군인을 상주시켰고 한일 협정 반대운동은 위력에 의해 막을 내렸다.

3선 개헌 반대 운동
1969년 6월~9월

5·16 군사 쿠데타로 정권을 장악한 박정희는 3년간 군복을 입은 채 '국가재건최고회의'라는 군사 기구를 통해 국가를 통치했다. 민정 이양을 철석같이 약속했던 박정희는 육군 대장으로 전역하고 스스로 민간인이 되어 1963년 대통령 선거에 출마해 대통령에 당선되었다. 제3공화국 〈헌법〉은 대통령의 임기를 4년으로 정하고, 단 한 차례만 연임할 수 있도록 규정했다. 이는 장기 집권을 방지하고 민주주의 원칙을 지키려는 의도였다. 1967년의 선거에서 박정희는 116만여 표 차이로 여유 있게 당선되었지만 대통령을 한 번 더 하고 싶은 욕심이 생겼다. 그러려면 두 번만 하도록 명시된 규정을 3선 연임이 가능하도록 〈헌법〉을 바꿔야 했다.

개헌 움직임이 보이자 대학생들의 반대 시위가 빠르게 확산되었고 야당인 신민당은 국회 본회의장에서 농성을 벌였다. 휴교와 조기방학 등으로 대학생의 시위 열기가 사그라지자 고등학생들이 그 뒤를 이어 개헌 반대 시위를 벌였다. 1969년 9월 14일 오전 2시 50분, 민주공화당과 무소속 의원들은 국회 3별관 특별위원회실에서 3선 개헌안을 날치기 통과했고, 10월 17일 국민투표에서 77.1퍼센트의 투표율에 65.1퍼센트 찬성으로 개헌안이 통과됐다. 3선 개헌안은 박정희의 장기 집권 초석이 되었다.

유신 반대 운동
1972년 10월~1979년 10월

3선 개헌에 성공한 박정희는 1971년 제7대 대통령에 당선됐다. 〈헌법〉에 따라 세 번 연임했으므로 마지막 임기가 되었지만 박정희의 생각은 달랐다. 이승만처럼 3선 제한을 철폐하고 영구집권을 꿈꾼 것이다. 박정희는 1972년 10월 17일 국회 해산 및 정당·정치 활동 금지 등을 담은 특별선언을 발표하고 전국에 비상계엄령을 발동했다. 본인이 대통령이면서도 헌정 중단 사태를 불러온, 어디서도 볼 수 없는 강력한 친위쿠데타를 일으킨 것이다.

　1972년 11월 21일 〈유신헌법〉이라고 불리는 7차 헌법개정안이 91.9퍼센트 투표율에 91.5퍼센트 찬성으로 통과됐다. 이 〈헌법〉은 오로지 박정희를 위한 〈헌법〉으로 다음과 같은 독소 조항을 담았다.

❶ 대통령 직선제 폐지 및 통일주제국민회의에서 간접 선거

❷ 국회의원 삼분의 일은 대통령이 추천해 통일주체국민회의에 선출

❸ 대통령에게 〈헌법〉 효력도 정지시킬 수 있는 긴급조치권 부여

❹ 대통령에게 국회해산권, 법관임명권, 법률거부권 등 부여

❺ 대통령 임기는 6년으로 하되 연임 제한 철폐

국민들은 '개헌청원 백만인 서명 운동' 등 전국적인 저항 운동에 나섰지만 박정희 정권은 '긴급조치'라는 폭압적인 수단으로 살인적인 탄압을 했다. 대학생 등 뜻있는 국민들은 1979년 박정희가 중앙정보부장 김재규의 총탄에 쓰러질 때까지 유신 반대 운동에 나섰다.

부마 민주항쟁

1979년 10월

부산과 마산에서 일어난 항쟁이 '부마 민주항쟁'이다. 1979년 10월 16일, 부산대학교 교정에 "청년학도여, 지금 너희들은 무엇을 하고 있는가? (중략) 소위 〈유신헌법〉은 법이 아니다. 그것은 국민을 위한 법이라기보다는 한 개인의 무모한 정치욕을 충족시키는 도구에 지나지 않는다"라는 '민주선언문'이 뿌려졌다. 민주선언문을 본 학생들이 도서관 앞에 모이기 시작했고 5000여 명이 최루탄을 쏘는 전투경찰

과 맞서며 시내로 진출했다. 오후에는 고신대와 동아대 학생들이 합류했고 시민들은 열렬히 응원하며 호응했다. 육군 특전사 2000여 명이 시위 진압을 위해 투입되었지만, 시위대는 7만여 명으로 불어났다.

10월 18일에는 마산의 경남대 학생들이 몰려나왔고 '독재 타도'와 '언론 자유'를 외쳤다. 마산수출자유지역 노동자와 고등학생도 시위에 합세했다. 이때 "신민당이 됐건, 학생이 됐건 탱크로 밀어 캄보디아에서처럼 2, 300만 명 죽이면 조용해집니다"라고 경호실장 차지철이 대통령에게 말했다고 전해진다. 박정희 정권은 부산 지역에 계엄령을, 마산지역에 위수령을 발동했지만 시민들의 항쟁은 그치지 않았다. 그렇게 부마항쟁으로 1563명이 연행되었다. 부마항쟁이 일어나고 얼마 뒤 영구집권을 꿈꾸던 박정희의 18년 독재도 끝났다.

인천 5·3 민주항쟁
1985년 5월

12·12 군사 반란으로 정권을 장악한 전두환은 박정희가 죽고 엉겁결에 대통령이 된 최규하를 하야시킨 뒤 1980년 8월 27일 장충체육관에서 통일주체국민회의 대의원 선거로 99.4퍼센트의 득표율로 대통령이 되었다. 그러나 잔여 임기는 최규하가 남겨놓은 1984년 12월

까지여서 개헌을 통해 7년 단임으로 만들고는 1981년 2월 장충체육관에서 다시 대통령이 되었다.

1985년 2월 총선에서 대통령 직선제를 공약으로 내건 신한민주당(이하 신민당)이 좋은 성적을 내면서 직선제 개헌에 대한 국민의 요구가 거세졌다. 이에 용기를 얻은 신민당은 전국에서 개헌추진지부 결성과 현판식을 열면서 개헌에 대한 열기를 고조시켰다. 학생과 시민들은 대회장 주변에서 가두 시위를 벌였다. 그러자 신민당 이민우 총재가 좌익 학생들을 단호하게 다스려야 한다면서 운동권 학생 등 급진 경향과는 선을 긋겠다는 입장을 내놨다. 이에 분개한 학생과 재야 운동권은 5월 3일 인천 시민회관에서 열릴 예정인 경기·인천개헌추진지부 결성대회와 현판식을 앞두고 시민회관 앞 주안사거리에서 무기한 철야 농성을 가지기로 했다.

당일 시민회관 앞에는 경인 지역 재야운동권 및 노동자 4000여 명이 집결했으며 화염병과 투석전 등 격렬한 시위가 이어졌고 최루탄이 난사돼 신민당 지도부는 행사장에 입장하지도 못해 지부 결성식은 무산되었다. 국민의 민주화 열기에 위기감을 느낀 전두환 정권은 이 항쟁을 좌경 용공 세력의 체제 전복 기도라며 대대적인 탄압에 나서면서 공안정국을 조성했다. 그러나 부천서 성고문 사건, 박종철 고문치사 사건 등으로 이어지면서 인천 5·3 민주항쟁은 6·10 민주항쟁의 도화선이 되었다.

촛불 집회

2004년 3월~

2004년 3월 12일, 새천년민주당, 한나라당, 자유민주연합 주도로 '노무현 대통령 탄핵소추안'을 찬성 193표, 반대 2표로 가결했다. 국가원수의 본분을 망각하고 특정 정당을 위한 불법 선거 운동을 해 왔고, 본인과 측근들의 부정부패로 국가 위기 상황을 초래했으며 국민경제를 파탄시켰다는 것이 이유였다. 그러나 국민의 생각은 달라서 20만여 명이 촛불을 들고 광화문에 모여 '탄핵 반대'를 외쳤다. 탄핵 역풍으로 그해 4월 치러진 총선에서 노무현 대통령이 속한 열린우리당은 과반이 넘는 152석을 차지했고, 제1당이던 한나라당은 121석을 얻는데 그쳤으며 새천년우리당은 9석, 지유민주연합은 4석을 얻었다. 5월에는 헌법재판소가 탄핵 심판 기각 결정을 내려 노무현 대통령은 직무에 복귀했다. 촛불집회가 처음은 아니지만 이때부터 우리 시위 문화는 촛불 집회로 자리 잡았다.

2016년 12월 3일 18대 대통령 박근혜의 개인적 은인이라는 영세교 교주 최태민의 딸 최순실의 국정 농단을 이유로 국회에서 대통령 탄핵안이 발의되었다. 국민들은 10월 16일부터 광화문광장 등 전국에서 연인원 1600만여 명이 촛불 집회를 열고 박근혜 퇴진 운동을 벌였다. 결국 박근혜는 2017년 3월 10일 헌법재판관 만장일치로 탄핵소추안이 인용돼 대통령직에서 파면되었다. 당시 이정미 헌법재판

소장 권한대행의 "주문, 피청구인 대통령 박근혜를 파면한다"라는 선고는 많은 국민에게 회자됐다.

2019년 9월 16일부터는 서초동 검찰청사 앞에서 '사법 적폐 청산을 위한 검찰개혁 촛불문화제'가 10월까지 매주 열렸으며 이후 여의도에서 12월까지 이어졌다. 2020년 1월에는 '광화문촛불연대'가 집회를 시작했으며 2021년 9월 '검언개혁 촛불행동연대'로 이름을 바꾸었고 2022년 4월에 '촛불행동'으로 이름을 바꾸어 매주 집회를 이어 나가고 있다.

2024년 12월 3일, 난데없이 비상계엄을 선포했다가 국회에 의해 해제된 사건으로 12월 14일 윤석열 대통령에 대한 탄핵소추안이 가결되었다. 그후 수많은 국민이 탄핵 찬성 집회에 나섰는데 이때부터는 촛불이 아니라 아이돌 팬덤의 응원 도구인 '응원봉'이 등장했다. 촛불 집회에서 촛불 대신 응원봉이 등장한 현상은 한국의 시위 문화에 새로운 변화를 가져왔다. 이는 젊은 세대, 특히 10대와 20대가 주도한 변화로, 기존의 촛불 집회 문화를 현대적으로 재해석한 것으로 볼 수 있다.

촛불 집회는 한국 사회에서 시민들의 의사를 표현하는 중요한 수단으로 자리잡았다. 해외에서는 촛불 집회를 평화적이고 성숙한 시위 문화의 대표적 사례로 평가하고 있다.

불의에 저항하라

민주항쟁은 '그냥' 일어나지 않는다. 권력이 자기 이익만을 위해 국민을 탄압하고 괴롭힐 때, 국민을 생각 없는 '개돼지' 취급해 국민이 더는 참을 수 없을 때 일어난다.

제주 4·3 사건은 민주항쟁과는 조금 거리가 있다. 그러나 일제강점기부터 수탈당해 온 주민들이 해방을 맞았음에도 일본 앞잡이였던 공무원과 경찰에게 계속해서 수탈당하는 것을 참을 수 없어서 공권력에 맞선 것이 제주 4·3 사건이다. 미군정과 공권력은 오로지 미국과 이승만 입맛에 맞는 남한만의 단독 선거를 위해 군대와 경찰을 동원해 양민을 학살했다. 거기에 극우 반공주의가 더해져 '빨갱이 토벌'이라는 명분으로 제주도를 초토화한 사건이다.

4·19 혁명은 이승만 정권의 부정 선거를 더는 볼 수 없었던 순수한 고등학생들의 분노로 시작됐다. 진실을 은폐하기 위해 최루탄을

직격으로 맞고 사망한 김주열을 돌에 매달아 바다에 던진 경찰의 천
인공노할 만행이 기름을 부었다. 이승만을 쫓아내 성공한 항쟁이었
으나 정치인들의 무능으로 나라는 다시 혼란에 빠졌다.

5·18 민주화 운동은 박정희 18년 독재 정권이 싹을 틔우고, 전두
환과 신군부가 '김대중 내란음모 사건'을 조작해 계획적으로 일으킨
것이다. 전남 지역을 봉쇄하고 언론을 통제해 국민은 광주에서 무슨
일이 일어났는지 한참 지나서야 알았다.

6·10 민주항쟁은 5·18 민주화 운동 연장선에 있다. 전두환 정권이
광주 사태를 조장해 시민을 학살한 것에 대한 분노와 군사 정권을 유
지하기 위한 '체육관 선거'를 반대하고 직선제 개헌을 요구한 것이다.

진지하고 심각하며 어떤 부분은 참혹한 우리 현대사다. 이런 사실
을 기록하는 이유는 더 나은 미래를 위해서다. 다시는 이렇게 끔찍한
일이 되풀이되지 않기를 바라는 마음이고 불의한 일에는 저항해야
한다는 가르침이기도 하다.

본문에 군이 출처나 인용 표시를 하지 않았지만, 이 책은 역사가들
이 정리해 기록한 각종 사료와 자료를 참고했다.

제주 4·3 사건은 《제주4·3사건 진상조사보고서》와 《김익렬 장군
실록 유고 – 4·3의 진실》에 전적으로 의존했다. 《제주4·3사건 진상
조사보고서》는 제주 4·3 사건 진상 규명 및 희생자 명예회복위원회
에서 만든 연구보고서고, 《김익렬 장군 실록 유고 – 4·3의 진실》은

제주 4·3 사건 당시 제주도 9연대장이었던 김익렬이 당시 상황을 직접 쓴 회고다.

4·19 혁명과 5·18 민주화 운동, 6·10 민주항쟁은 《한국민주화운동사》와 《한국민주화운동사 연표》, 《한국 현대사 60년》을 참고했다. 《한국민주화운동사》는 민주화운동기념사업회 한국민주주의연구소에 엮은 연구보고서를 돌베개에서 출간했고, 《한국민주화운동사 연표》는 민주화운동기념사업회에서 펴낸 자료다. 《한국 현대사 60년》은 서중석이 쓰고 역사비평사에서 출간했다.

《우리 강물이 되어 1, 2》는 '70·80 실록 민주화 운동'이라는 부제가 보여 주듯 그 시대 민주화 운동을 이해하는 데 큰 도움이 됐다. 이 책은 유시춘, 이우재, 유시주, 김남일, 최민희가 함께 써 경향신문사에서 출간했다.

광주민주화운동기념사업회가 엮고 황석영, 이재의, 전용호가 기록한 《죽음을 넘어 시대의 어둠을 넘어 – 광주 5월 민중항쟁의 기록》은 그야말로 5·18 민주화 운동의 생생한 기록이어서 읽는 내내 분노에 떨어야 했다. 크게 참고했다.

항쟁에 주도적으로 참여한 61명의 글을 실은 80년대 전반기 학생운동 기념 문집 《5월 광주를 넘어 6월 항쟁까지》는 자인에서 출간했다. 당시의 외침, 울먹임이 옆에서 들리는 듯해 도움 많이 됐다.

이미지 출처

※ 본문에 쓰인 대부분 사진과 그림은 위키미디어 커먼즈에서 가져왔습니다. 다음 사진만 저작권을 표기합니다.

● 서울대학교 규장각한국학연구원: 16쪽
● 한국저작권위원회: 58쪽
● 4·3평화기념관: 37, 52, 53, 62, 65, 66~67쪽
● 대한민국 신문아카이브: 41쪽
● 서울역사편찬원: 134쪽
● 국가기록원: 77, 86, 96, 100~101, 108~109, 112~113, 119, 126~127, 138~139, 148~149, 158~159, 166~167, 183, 199쪽
● 서울역사아카이브: 208~209쪽

이외에 저작권 있는 사진이 쓰였다면, 저작권자가 확인되는 대로 허락을 받고, 저작권료를 지불하겠습니다.

꼬리에 꼬리를 무는 민주항쟁사

초판 1쇄 발행 2025년 4월 10일

지은이 | 우일문
펴낸곳 | (주)태학사
등록 | 제406-2020-000008호
주소 | 경기도 파주시 광인사길 217
전화 | 031-955-7580
전송 | 031-955-0910
전자우편 | thspub@daum.net
홈페이지 | www.thaehaksa.com

편집 | 조윤형 여미숙 김태훈
마케팅 | 김민선
경영지원 | 김영지

ⓒ 우일문, 2025. Printed in Korea.

값 16,800원
ISBN 979-11-6810-347-4 43910

"주니어태학"은 (주)태학사의 청소년 전문 브랜드입니다.

책임편집 김태훈
디자인 이유나